OPINIONI

DE' CANTORI ANTICHI, E MODERNI

O SIENO

OSSERVAZIONI

Sopra

IL CANTO FIGURATO

Di Pierfrancesco Tosi

Accademico Filarmonico.

———————

———

In Bologna per Lelio dalla Volpe 1723.
Con Licenza de' Superiori.

Opinioni de' Cantori Antichi, e Moderni

Pier Francesco Tosi

First published, Bologna, 1723.

Republished Travis & Emery 2009.

Published by
Travis & Emery Music Bookshop
17 Cecil Court, London, WC2N 4EZ, United Kingdom.
(+44) 20 7240 2129
neworders@travis-and-emery.com

ISBN Hardback: 978-1-906857-63-9   Paperback: 978-1-906857-64-6

.

OPINIONI

DE' CANTORI ANTICHI, E MODERNI

O SIENO

OSSERVAZIONI

Sopra

IL CANTO FIGURATO

DI PIERFRANCESCO TOSI

Accademico Filarmonico.

———————

———

In Bologna per Lelio dalla Volpe 1723.
Con Licenza de' Superiori.

Lettore.

L'Amore è una paffione, che offufca l'intelletto. Se tu fei Cantante fei mio rivale, e fe fei Moderno io fono Antico. Ma fe l'affetto immenfo, che abbiamo per la bella, ed ottima Mufica ci toglie la ragione, almeno ne' noftri lucidi intervalli fiamo egualmente generofi : Tu in perdonarmi gli errori, che fcrivo ; Io in compatirti quelli, che fai. Se poi per tua gloria fei letterato fappi, che per mia vergogna fono ignorante ; fe non lo credi, leggi.

Arie fono le opinioni degli antichi Storici fopra l'origine della Mufica. Plinio crede, che Anfione ne fia l'Inventore: I Greci foftengono, che fia ftato Dionifio: Polibio gli Arcadi: e Svida, e Boezio ne danno tutta la gloria a Pitagora afferendo, ch'egli dal fuono di tre Fabbrili Martelli di pefo differente ne ritrovaffe il Diatonico, a cui pofcia Timoteo Milefio aggiugneffe il Cromatico, e Olimpico, o fia Olimpo l'Enarmonico. Nelle Sacre Carte però fi legge, che Jubal della ftirpe di Caino *fuit l'ater Canentiam Cithara, & Organo* Strumenti probabilmente di più corde armoniofe, dal che s'intende, che la Mufica fia nata poco dopo del Mondo.

Per ficurezza di non errare ella afcoltò molti precetti dalla Matematica, da cui dopo diverfe Iftruzioni di linee, di numeri, e di proporzioni fu chiamata col dolce nome di Figlia, affinchè meritaffe quello di Scienza.

E da fupporfi, che nel corfo di migliaja d'anni la Mufica fia ftata fempre la delizia del genere umano, mentre dall'ecceffivo piacere, che ne traevano i Lacedemoni bifognò, che quella Repubblica efiliaffe il fud-

A   detto

detto Milefio, acciò gli Spartani più non
abbandonaffero gli economici, i politici, e
i militari intereffi .

Parmi però impoffibile, ch' ella abbia fatta mai tanta pompa della fua bellezza quanto negli ultimi Secoli, quando con la più
nobile, e foave maeftà comparve alla gran
mente del Paleftina, a cui lafciò di fe un
divino originale perchè ferviffe a pofteri
d'immortale efempio ; E vaglia 'l vero, la
Mufica colla dolcezza della fua armonia è
giunta tant' oltre (mercè l' intendimento
fublime de' Maeftri infigni anche de' tempi
noftri) che febben fofs' Arte liberale, dalle
Compagne non gli fi potrebbe contraftar con
giuftizia il Principato .

Forte argomento me ne porge quella im-
preffione foaviffima, che a diftinzione di tutte le altre la Mufica fa sù gli animi noftri,
per cui fiamo vicini a credere, che faccia
una parte di quella beatitudine, che in Pa-
radifo fi gode.

Premeffi quefti vantaggi, il merito de'
Vocalifti dovrebb' effere diftinto anch' effo
per le difficoltà particolari, che l' accompa-
gnano : Abbia un Cantante intelligenza
fondamentale capace di fuperar con franchezza ogni più fcabrofa compofizione. Poffegga di più un' ottima voce, e fe ne vaglia
con

con artificio, non per quefto meriterà nome di fingolar Profeffore, quand' ei manchi d' una pronta variazione, difficoltà, che nelle altr' Arti non s'incontra.

Dirò finalmente, che i Poeti, i Pittori, gli Scultori, gli Architetti, e gli fteffi Compofitori di Mufica prima di efporre le loro Opere in pubblico hanno tutto quel tempo, che bafta per emendarle, e ripulirle, ma pel Cantor che falla non v'è più rimedio, l'errore è incorreggibile.

Quanta applicazione poi debba effer quella di chi è in obbligo di non errare nelle produzioni improvvife dell' ingegno, e quale ftudio convenga a chi deve foggettar una voce in moto quafi fempre diverfo ad un' Arte così difficile è più da immaginarfi, che da defcriverfi. Confeffo ingenuamente, che ogni qualvolta il penfiero mi guida a riflettere, che l'infufficienza di molti Maeftri, e gl'infiniti abufi, che quefti lafciano introdurre rendono inutili a loro Scolari, e l'applicazione, e lo ftudio, non poffo baftantemente maravigliarmi, che fra' tanti Profef. fori di prima sfera, che hanno fcritto, chi per infegnare come trovar fi debba la vera armonia mediante i precetti del Contrappunto, e chi con ammaeftramenti d' Intavolature, o di Pratica al Gravecembalo per

fa-

facilitar le laboriofe vie agli Organifti, non vi fia ftato mai (per quanto io fappia) chi abbia intraprefo di far conofcere fe non che i primi Elementi a tutti noti, celando le regole più neceffarie per cantar bene; Nè giova il dire, che i Compofitori intenti folo allo fcrivere, e i Sonatori ad accompagnare non devono ingerirfi in ciò, che a Vocalifti appartiene, perchè ne conofco alcuni capaciffimi di difingannar chi fe lo penfaffe. L' incomparabile Zarlino nella terza parte delle fue Iftituzioni armoniche a cap. 46. appena cominciò ad inveire contra di chi a fuoi giorni cantava con qualche difetto, che fi fermò, e voglio credere, che fe foffe paffato più oltre, que' documenti invecchiati da quafi due Secoli non serviffero al gufto raffinato de' tempi noftri. Rimproveri più giufti merita bensì la negligenza di molti Cantanti celebri, che quanto più fono ftati e fono d'intendimento di gran lunga superiore agli altri, tanto men poffono giuftificare il loro filenzio (nè anche a titolo di modeftia) ceffando quefta d' effer virtù, allorchè pregiudica al pubblico intereffe. Moffo io quindi non da vana ambizione, ma dallo fvantaggio, che a diverfi Profeffori ne rifulta, non fenza ripugnanza, ho determinato d' effere il primo ad efporre fotto gli oc-

occhj del Mondo queſte mie poche Oſſervazioni col ſolo fine di aggiugnere (ſe mi rie-
ſce) qualche lume a chi inſegna , a chi ſtudia , e a chi canta .

Cercherò in primo luogo di far comprendere qual ſia l'obbligo del Maeſtro per ben
iſtruire un Principiante : Parlerò ſecondaria-
mente di ciò , che allo Scolaro convenga : e
proccurerò da ultimo con maggiori rifleſſi di
agevolar la ſtrada ad un Cantor mediocre affinchè giunga a migliorar condizione. Ardua,
e forſe temeraria è l'impreſa, ma quando anche non corriſpondeſſero all' intenzione gli
effetti , almeno inciterò gl' intelligenti a più
ampiamente , e correttamente trattarne .

Se taluno diceſſe , ch' io dovea eſimermi
dal pubblicar coſe già comuni ad ogni Profeſſore , potrebbe ingannarſi , la ragione ſi è ,
che fra queſte Oſſervazioni ve ne ſon molte ,
che per non averle mai da altri inteſe le tengo per mie , e come tali è probabile , che
non ſieno ſtate univerſalmente conoſciute .
Abbiano così la ſorte d'eſſer approvate da
chi ha intelligenza , e guſto .

Sarebbe ſuperfluo bensì s' io diceſſi , che
gl' inſegnamenti verbali non ſervono a Cantanti (per lo più) che a non errare , poichè
ognuno ſa che la ſtampa è incapace di ridurli
in atto . Dall'evento però di queſti , o m'in-

A 3
cor-

coraggirò ad innoltrarmi a nuove scoperte
in vantaggio della Professione, o confuso
(ma non sorpreso) soffrirò in pace, che i
Maestri col loro nome in fronte pubblichino
la mia ignoranza, acciò possa disingannar-
mi, e ringraziarli.

Per l'intenzione poi, che ho di dimostra-
re una quantità di moderni abusi, e difetti,
che si sono sparsi per la canora Repubblica,
affinchè (se mai lo fossero) fosser anche corretti, non vorrei, che quegli che per debolezza d'ingegno, o per negligenza di studio non
han potuto, o voluto emendarsene s'imma-
ginassero, che con malizioso disegno gli aves-
si dipinti colle loro imperfezioni al naturale,
perchè altamente protesto; Che se attacco
con poca dolcezza per troppo zelo gli errori, onoro però chi li commette; Insegnan-
domi un Morale Spagnuolo, (a) *Che le Satire
tornano a Casa*, e il Cristianesimo dice qualche cosa di più a chi ha religione. Parlo generalmente, e se talvolta mi ristringo al particolare sappiasi, che non mi servo d'altro
originale, che del mio in cui pur troppo vi è
stata, e v'è materia degna di critica senza
cercarla altrove.

O S-

_____

(a) *Azia a ti accusas quando murmuras*.

OSSERVAZIONI

Per chi infegna ad un Soprano.

Anno tanta facilità d' infinuarfi negli animi puerili i difetti Mufi-cali, e s' incontra tale difficoltà in trovar chi li corregga nafcen-do, che farebbe d' uopo, che gli ottimi Cantori fe ne pigliaffero l' impegno, poichè meglio degli altri conofcono i mezzi per riu-fcirvi, e con più intelligenza poffono da i primi Elementi condurre l' abilità dello Sco-laro alla perfezione; ma non trovandofi in oggi fra loro (fe non erro) chi non ne odj la memoria è forza di rifervarli per la finez-za dell' artificio in cui veramente confifte quel dolce incanto, che fe 'n va per la ftrada più breve a dilettare il cuore.

L' iftruzione dunque de' fondamenti fin-chè lo Scolaro canti franco bifogna, che ad un Profeffor mediocre appartenga, purchè fia di coftumi illibati, diligente, pratico, fenza difetti di nafo, e di gola, e che abbia agi-lità di voce, qualche barlume di buon gufto,

faci-

facile comunicativa, perfetta intonazione, e pazienza, che refifta alla più dura pena del più nojofo impiego.

Prima, che un Maeftro ornato di circoftanze fi neceffarie cominci ad infegnare, legga i quattro i verfetti di Virgilio *Sic vos non vobis &c.* poichè (fe non lo fono) pajon compofti efpreffamente per lui; Dopo di averli ben confiderati confulti la propria coftanza, imperocchè (parlando vulgare) rincrefce a chi ha fete di portar il vino agli altri, e non poter bere. Se 'l tempo è propizio per chi canta, giufto è, che lo fia anche per chi infegna.

Soprattutto fenta con orecchio difintereffato fe chi brama d'imparare abbia voce, e difpofizione per cantare, affinchè non fia in obbligo di rendere ftrettiffimo conto a Dio del denaro malamente fpefo da' Genitori, e di aver ingannato il Figlio nella perdita irreparabile di quel tempo, che in qualche altra Profeffione gli farebbe ftato di profitto. Io non parlo a cafo. I Maeftri antichi diftinguevano il ricco, che voleva applicarfi alla Mufica per fuo nobile ornamento, dal povero, che cercava di ftudiarla per bifogno; Infegnavano al primo per intereffe, e al fecondo per carità, fe in vece di denaro fcoprivano in lui talenti per farne un' Uomo

mo

mo. Pochiffimi moderni ricufano Scolari,
e purchè quefti paghino, poco lor preme fe
la loro ingordigia rovini i Profeffori, e di-
ftrugga la Profeffione.

Signori Maeftri, l' Italia non fente più le
voci ottime de' tempi andati, particolarmente nelle Femmine, e a confufione de'
colpevoli ne dirò il perchè: L' ignoranza
non fa fentire a' Genitori la voce peffima delle loro Figlie come la miferia lor fa credere, che cantare, e arricchire fia lo ftefso,
e che per imparar la Mufica bafti un pò di
bel vifo: Potete voi iftruirle?

Potete forfe infegnar a quelle a cui il Canto .... la modeftia non vuol ch' io più m' in-
noltri.

Se l' Iftruttore è umano, non configlierà
mai lo Scolaro a perdere una parte della
umanità forfe con pregiudicio dell' Anima.

Dalla prima lezione fino all' ultima fi ricordi il Maeftro d' effer debitore di tutto
quello, che non infegnò, e degli errori,
che non avrà corretti.

Sia moderatamente fevero facendofi temere fenza farfi odiare. So, che non è facile di
trovare il mezzo tra 'l rigore, e la dolcezza, ma fo ancora, che fono nocivi gli eftremi,
poichè dalla ecceffiva rigidezza fovente nafce
l' oftinazione, e dalla foverchia indulgenza lo
fprezzo. Non

Non parlerò della cognizione delle note, del loro valore, della battuta, dello fpartire, de' tempi, delle paufe, degli accidenti, nè d'altri principj triviali; perchè fono generalmente noti.

Oltre la Chiave di C fol fa ut infegni allo Scolaro di legger tutte le altre fpoftate, acciò non gli fucceda quello, che fpeffo accade a certi Vocalifti, i quali nelle compofizioni a Cappella non fanno diftinguere fenz' Organo il *Mi* dal *Fa* per non avere alcuna cognizione della Chiave di G fol re ut, e fe ne fentono poi fconcerti così indecenti al fervizio di Dio ne' Sacri Templi, quanto vergognofi a chi s'invecchia fenza faper dove le note ftiano di Cafa. Io tradirei la mia fincerità fe non diceffi, che chi non infegna regole effenziali come quefte pecca, ò d'ommiffione, ò d'ignoranza.

Suffeguentemente gli faccia imparare di legger quelle per Bmolle, maffimamente ne' componimenti, che ne hanno quattro alla Chiave, e che fu le loro fefte del Baffo per lo più chiedono anche il quinto per accidente, affinche lo Scolaro poffa trovare in effi il *Mi*, che non è troppo facile a chi il poco Studio fa credere, che tutte le note col Bmolle fi chiamino *Fa*; Che fe ciò foffe vero, farebbe infallibilmente fuperfluo, che

le

le note foffero fei, quando cinque aveffero l'ifteffo nome. I Francefi ne hanno fette, e con quella figura di più rifparmiano a loro Scolari la fatica d'apprendere le mutazioni afcendendo, e difcendendo; ma noi altri Italiani non abbiamo, che l'Ut, Re, Mi, Fa, Sol, La, note, che baftano egualmente per tutte le Chiavi a chi le fa leggere.

Proccuri il Maeftro, che nel folfeggiar la Scaletta le note fieno dallo Scolaro perfettamente intonate. Chi non ha delicatezza d'orecchio non dovrebbe impegnarfi, nè d'infegnar, nè di cantare, non effendo affolutamente tollerabile il difetto d'una voce, che crefce, e cala come il fluffo, e il rifluffo del Mare. Vi rifletta con tutta l'attenzione l'Iftruttore, perchè ogni Cantante, che ftuona perde immediatamente tutte le più belle prerogative, che aveffe. Io poffo dir fenza mentire, che (a riferva di pochi Profeffori) la moderna intonazione è affai cattiva.

Nell'ifteffo folfeggio cerchi il modo di fargli guadagnare a poco a poco gli acuti, acciò mediante l'efercizio acquifti tutta quella dilatazione di corde, che fia poffibile; Avverta però, che quanto più le note fon'alte, tanto più bifogna toccarle
con

con dolcezza per evitar gli ſtrilli.

Deve fargli intonare le mezze voci ſecondo le vere regole. Non tutti ſanno, che vi ſia il Semituono maggiore, e il minore, perchè il divario non ſi può conoſcere dall' Organo, nè tampoco dal Gravecembalo, quando queſto non abbia i taſti ſpezzati. Un Tuono, che di grado paſſi ad un' altro ſi divide in nove intervalli quaſi inſenſibili, che in Greco (ſe non m' inganno nominanſi *Commi*, cioè a dire *la più piccola parte*, e in noſtra favella *Còme*, cinque delle quali formano il Semituono maggiore, e quattro il minore; V' è opinione però, che non ſieno più di ſette, e che il più gran numero della loro metà componga il primo, e il minore il ſecondo; Il mio debole intelletto non la trova ſuſſiſtente, imperocchè l' udito allora non avrebbe alcuna difficoltà di diſtinguere la ſettima parte d' un Tuono, e ne incontra una ben grande per iſcoprir la nona. Se ſi cantaſſe continuamente al ſuono de' ſuddetti due Strumenti queſta cognizione ſarebbe inutile, ma da che s' introduſſe da Compoſitori l' uſo di far ſentire in ogni Opera una quantità d' Arie accompagnate ſolo dagli Strumenti d' arco diventa coſì neceſſaria, che ſe (per cagion d' eſempio) un Soprano intuona il D la ſol re dieſis acuto, come l' E le fa,

chi

chi ha l'orecchio fino fente, che ftuona, perchè queft'ultimo crefce. Chi non ne reftaffe foddisfatto legga molti Autori, che ne trattano, o confulti i più abili Violinifti. Nelle parti di mezzo non è poi così facile di fentirne la differenza, bench'io creda, che tutto ciò, che fi divide fia diftinguibile. Di quefti due femituoni parlerò più diffufamente nel Capitolo dell'Appoggiatura, acciocchè gli uni non fieno confufi cogli altri.

Infegni allo Scolaro d'improntare con perfetta intonazione, e prontezza ogni falto di voce nella Scaletra, e lo tenga applicato, anche più del bifogno a quefta urgentiffima lezione, fe defidera, che canti franco in poco tempo.

Se 'l Maeftro non fa comporre fi provvegga di buoni folfeggi di ftile diverfo, che infenfibilmente paffino dal facile al difficile a mifura del profitto, che fcorge nello Scolaro; A condizione però, che nelle loro difficoltà fieno fempre naturali, e guftofi per intereffarlo a ftudiarli con piacere, e ad impararli fenza noja.

Fra le maggiori diligenze del Maeftro una ne richiede la voce dello Scolaro, la quale, ò fia di petto, ò di tefta deve ufcir limpida, e chiara fenza che paffi pel nafo, nè in gola
la

la fi affoghi, che fono due difetti i più orrì-
bili d'un Cantore, e fenza rimedio, quando han prefo poffeffo.

La poca pratica di taluno, che infegna di
folfeggiare obbliga chi ftudia a foftener le
femibrevi con voce sforzata di petto fu le
corde più acute, e finalmente ne fiegue, che
di giorno in giorno le fauci fempre più s'in-
fiammano, e fe lo Scolaro non perde la falu-
te perde il Soprano.

Molti Maeftri fanno cantare il Contralto
a'loro Difcepoli per non fapere in effi trovar il falfetto, o per isfuggire la fatica di
cercarlo.

Un diligente Iftruttore fapendo, che un
Soprano fenza falfetto bifogna, che canti
fra l'anguftie di poche corde non folamente
proccura d'acquiftarglielo, ma non lafcia
modo intentato acciò lo unifca alla voce di
petto in forma, che non fi diftingua l'uno
dall'altra, che fe l'unione non è perfetta,
la voce farà di più regiftri, e confeguente-
mente perderà la fua bellezza. La giurifdizione della voce naturale, o di petto termi-
na ordinariamente ful quarto fpazio, o fulla
quinta riga, ed ivi principia il dominio del
falfetto fi nello afcendere alle note alte, che
nel ritornare alla voce naturale ove confifte
la difficoltà dell'unione; Confideri dunque il
Mae-

Maeſtro di qual peſo ſia la correzione di quel
difetto, che porta ſeco la rovina dello Scolaro ſe la traſcura. Nelle Femmine, che cantano il Soprano ſenteſi qualche volta una voce
tutta di petto, nè Maſchj però ſarebbe rarità ſe la conſervaſſero paſſata, che abbiano
l'età puerile. Chi foſſe curioſo di ſcoprire il
falſetto in chi lo fa naſcondere badi, che
chiunque ſe ne ſerve eſprime ſu gli acuti la
vocale *i* con più vigore, e meno fatica dell'*a*.

La voce di teſta è facile al moto, poſſiede
le corde ſuperiori più che le inferiori, ha il
trillo pronto, ma è ſoggetta a perderſi per
non aver forza, che la regga.

Faccia profferir diſtintamente allo Scolaro
le vocali, acciò ſieno inteſe per quelle, che
ſono. Certi Cantori credono di formare il
ſuono della prima, e fanno ſentir quello della ſeconda; ſe la colpa non è del Maeſtro,
l'errore è di que' Vocaliſti, che appena
uſciti dalle lezioni ſtudiano di cantare affettato per vergognarſi di aprire un poco più la
bocca; Alcuni poi, forſe per iſpalancarla
troppo, confondono quelle due vocali con
la quarta, e allora non è poſſibile di capire,
ſe abbiano detto Balla, o Bella: Seſſo, o
Saſſo: Mare, o More.

Deve farlo cantar ſempre in piedi, affinche
la voce trovi libera tutta la ſua organizzazio-
ne.   Lo

Proccuri (mentre canta) ch'egli ftia in
pofitura nobile, acciò appaghi anche con una
decorofa prefenza.

Lo corregga rigorofamente fe fa fmorfie
di tefta, di vita, e principalmente di bocca, la quale deve comporfi in guifa (fe il
fenfo delle parole lo permette) che inclini
più alla dolcezza d'un forrifo, che ad una
gravità fevera.

Eferciti lo Scolaro ftudiando fempre ful
Tuono di Lombardia, e non fu quello di
Roma non folo per fargli acquiftare, e confervar gli acuti, ma perchè non fia incomo-
dato mai dagli Strumenti alti, effendo lo
ftento di chi non può afcendere egualmente
penofo, e a chi canta, e a chi fente Il
Maeftro fe ne fovvenga, poichè crefcendo
l'età la voce declina, e in progreffo di tempo, o canterà il Contralto, o pretendendo
per vanità infulfa il nome di Soprano gli
converrà di raccomandarfi ad ogni Compofitore, affinchè le note per lui non paffino il
quarto fpazio, non vi fi fermino. Se tutti
quegli, che infegnano i principj fapeffero
prevalerfi di quefta regola, e far unire il falfetto alla voce di petto de' loro Allievi,
non vi farebbe in oggi tanta fcarfezza di Soprani.

Gli faccia imparare di foftener le note fenza, che la voce titubi, o vacilli, e ſe l'inſegnamento comincia da quelle di due battute l'una, il profitto farà maggiore, altramente dal genio, che hanno i Principianti di muoverla, e dalla fatica di fermarla ſi aſſuefarà anch'eſſo a non poterla più fiſſare, e avrà indubitamente il difetto di ſvolazzar ſempre all'uſo di chi canta di peſſimo guſto

Coll'iſteſſe lezioni gl'inſegni l'arte di metter la voce, che conſiſte nel laſciarla uſcir dolcemente dal minor piano, affinche vada a poco a poco al più gran forte, e che poſcia ritorni col medeſimo artificio dal forte al piano. Una bella meſſa di voce in bocca d'un Profeſſore, che ne ſia avaro, e non ſe ne ſerva, che ſu le vocali aperte non manca mai di fare un'ottimo effetto. Pochiſſimi ſono adeſſo que' Cantanti, che la ſtimino degna del loro guſto, o per amare l'inſtabilità della voce, o per allontanarſi dall'odiato antico. Gli è però un torto manifeſto, che fanno al roſignuolo, che ne ſu l'inventore, da cui l'umano ingegno non può vocalmente imitar altro, quando fra' que' canori Augelletti non ſe ne udiſſe qualcheduno, che cantaſſe alla Moda.

Non ſi ſtanchi il Maeſtro di far ſolfeggiare lo Scolaro finchè vi conoſca il biſogno, e ſe mai lo faceſſe vocalizzar pri-

ma

ma del tempo non fa iftruire .

Dopo deve introdurlo allo ftudio di voca-
lizzare fu le tre vocali aperte , maffimamente fulla prima , ma non fempre fulla medefima, come fi fa in oggi , acciocchè da quefto frequente efercizio non confonda l'una
coll'altra , e poffa accoftarfi più facilmente
all'ufo delle parole .

Ricavato , che abbia lo Scolaro da quella
applicazione qualche rimarcabile progreffo
allora chi iftruifce potrà fargli conofcere i
primi ornamenti dell'Arte , che fono le Appoggiature (di cui parlerò in appreffo) e
vocalizzar con effe .

Suffeguentemente gl'infegni il modo di
fcivolar vocalizzando, e di ftrafcinar foave-
mente la voce dall'acuto al grave, che
quantunque fieno ammaeftramenti neceffarj
per cantar bene , e che dal femplice folfeggio non fia poffibile di poterli apprendere ,
con tutto ciò da' Maeftri inefperti fi trafcurano .

Se poi gli faceffe cantar le parole prima .
ch'egli abbia un franco poffeffo di folfeggiare , e di vocalizzar appoggiato lo rovina .

DELL'

DELL'

APPOGGIATURA.

FRa tutti gli abbellimenti del Canto non v'è iftruzione più facile per il Maeftro ad infegnarfi, nè meno difficile per lo Scolaro ad impararfi, che quella della Appoggiatura; Quefta oltre alla propria fua vaghezza ha degnamente ottenuto dall' Arte l'unico privilegio di farfi udir fovente, e di non iftufar mai, purchè non efca da que' limiti, che dal buon gufto de' Profeffori gli fono ftati prefcritti.

Da che fu inventata l'Appoggiatura per adornarne la Profeffione non fi è penetrata fin ora la cagione per cui non abbia tutti liberi i paffi. Dopo di averla cercata in vano da' Cantori primarj, ho confiderato, che la Mufica Scienza deve aver le fue regole, e che bifogna far tutto quello, che fi può per ifcoprirle. Non fo, nè poffo lufingarmi d'efferci arrivato, ma quando ciò non foffe, gl'intelligenti almen vedranno, che mi ci fono avvicinato. Trattandofi però d'una materia, che totalmente è prodotta dalle mie Offervazioni, errando dovrei fperare

B 2   più

più compatimento in questo Capitolo, che altrove.

Dalla Pratica comprendo, che da un C sol fa ut all'altro per B quadro un Vocalista può ascendere, e discender di grado coll' Appoggiatura passando senza verun' ostacolo per tutti que' cinque Tuoni, e due Semituoni, che compongono l'ottava.

Che da ogni Diesis accidentale, che possa trovarsi in essa si può salir di grado di mezza voce alle note vicine coll' Appoggiatura, e ritornarvi colla medesima.

Che da ogni nota, che abbia il B quadro si può ascendere per semituoni a tutte quelle, che hanno il B molle coll' Appoggiatura.

Sento vice versa, che dal F fa ut, del G sol re ut, dall' A la mi re, dal C sol fa ut, e dal D la sol re non si può salir di grado coll' Appoggiatura per mezze voci, allorchè qualcheduno di que' cinque Tuoni avesse il Diesis alla sua nota.

Che non si può passare coll' Appoggiatura di grado dalle terze Minori del Basso alle maggiori, nè da queste a quelle.

Che due Appoggiature consecutive non possono andar di grado per Semituoni da un Tuono all' altro.

Che da tutte le note col B molle non si può
ascen-

afcendere per mezze voci coll'Appoggiatura.

E che finalmente dove l' Appoggiatura non può falire, nè men può fcendere.

Di tutti quefti infegnamenti la Pratica ne direbbe le ragioni fe le fapeffe. Vediamo fe poteffero penetrarfi da chi è obligato di renderne conto.

La Teorica infegna, che la fuddetta Ottava effendo compofta di dodici Semituoni ineguali bifogna diftinguere i maggiori da i minori, e invia chi ftudia a confultare i Tetracordi. Gli Autori più cofpicui, che ne trattano non fon tutti d'una opinione, perchè trovafi chi foftiene, che fra il C fol fa ut, e il D la fol re, come fra 'l F fa ut, e il G fol re ut i loro Semituoni fieno eguali, e in tanto fi languifce nel dubbio.

L' Udito però effendo Arbitro, e fupremo Maeftro della Profeffione (fe ben' intendo i fuoi precetti) par che mi dica, che l' Appoggiatura difcerne con fi fino giudizio la qualità de' Semituoni, che bafta offervare dove ella volga per fuo divertimento il paffo per conofcere i maggiori. Se così è, andando con tanto piacere v. g. dal *Mi* al *Fa* fi deve credere, che quel femituono fia maggiore, nè può negarfi. Ma fe ha quel tranfito libero di mezza voce afcendendo, da che procede, che dall' ifteffo Fa non può

fali-

falire al Diefis vicino,che pur il paffo è di un
Semituono? Egli è minore rifponde l' Udito ; Dunque fuppongo di poter conchiudere, che la cagione, che toglie all' Appoggiatura una gran parte della libertà deriva,
ch' ella non può paffar di grado da un Semituono maggiore ad un minore, nè da quefto
a quello ; Rimettendomi fempre però al
giudizio di chi intende.

L' Appoggiatura può andare ancora da
una nota diftante all'altra, purchè il falto
non fia d' inganno, poichè in quel cafo chi
non l' impronta di pofta non fa cantare.

Giacchè non è poffibile (come fi diffe)
che un Cantante falga di grado coll' Appoggiatura dal Semituono maggiore ad un minore, il buon gufto gl' infegna di afcendere
un Tuono per difcendervi pofcia coll' Appoggiatura, ovvero gli fuggerifce di paffar-
vi fenza la medefima con una meffa di voce
crefcente.

Iftrutto, che ne fia lo Scolaro, le Appoggiature gli diventeranno dal continuo efercizio così famigliari, che ufcito appeaa dalle lezioni fi riderà di que' Compofitori, che
le marcano, o per effer creduti Moderni,
o per dar ad intendere, che fanno cantar
meglio de' Vocalifti ; Se hanno quefto belliffimo talento di più, perchè non ifcrivono

an-

anche i Paſſi, che ſono più difficili, e molto
più eſſenziali, che le Appoggiature? Se poi
le ſegnano per non perdere il glorioſo nome
di *Virtuoſi alla* Moda, dovrebbono almeno avvederſi, che quel carattere coſta poca fatica, e meno ſtudio. Povera Italia. Ma mi ſi dica di grazia! Non ſanno
forſe i Cantori d'oggi dì dove vadano fatte le Appoggiature ſe non gli ſi moſtrano
a dito? A mio tempo le indicava l'intelligenza. O eterno biaſimo di chi primo introduſſe queſte puerilità foraſtiere nella noſtra
Nazione, che ha il vanto d'inſegnar all'altre la maggior parte dell'Arti più belle,
particolarmente il Canto! O gran debolezza di chi ne ſiegue l'eſempio! O ingiurioſo
inſulto a voi Cantanti moderni, che ſoffrite
documenti da fanciulli. Gli Oltramontani
meritano d'eſſer imitati, e ſtimati ma in-
quelle coſe però dove ſono eccellenti.

DEL

TRILLO.

DUe fortissimi ostacoli s' incontrano a formar perfettamente il Trillo. Il primo imbarazza il Maestro, perchè non si e trovata fin ora regola infallibile da cui s' impari di farlo; E il secondo confonde lo Scolaro, poichè la natura ingrata a molti non lo concede, che a pochi. L'impazienza di chi insegna si unisce colla disperazione di chi studia, acciocchè quello abbandoni la pena, e questi l'applicazione. Doppio allora è il mancamento di chi istruisce, mentre non adempie al suo dovere, e lascia lo Scolaro nell'ignoranza. Bisogna cozzare colle difficultà per superarle colla pazienza.

Se 'l Trillo sia necessario a chi canta chieggasi a i primi Professori, che più degli altri sanno quante, e quali sieno le obbligazioni, che precisamente gli devono, allorchè sorpresi da una improvvisa astrazione, o dalla sterilità d'una mente addormentata non potrebbono celare al pubblico l'importuna povertà del loro artificio, se'l Trillo mallevadore non li soccorresse col suo pronto ripiego.

Chi

Chi ha un belliffimo Trillo, ancorchè foffe fcarfo d' ogn' altro ornamento, gode fempre il vantaggio di condurfi fenza difgufto alle Cadenze, ove per lo più è effenzialiffimo; E chi n' è privo (o non l'abbia che difettofo) non farà mai gran Cantante benchè fapeffe molto.

Effendo dunque il Trillo di tanta confeguenza a' Cantori proccuri il Maeftro per mezzo d'efempli vocali, fpeculativi, e ftrumentali, che lo Scolaro giunga ad acquiftarlo eguale, battuto, granito, facile, e moderatamente veloce, che fono le qualità fue più belle.

Suppofto, che chi infegna non fapeffe quanti fieno i Trilli dirò, che l'arte ingegnofa de' Profeffori ha trovato il modo di prevalerfene in tante forme diverfe, dalle quali hanno i loro nomi, che francamente può dirfi, che fieno diventati otto.

Il primo è il Trillo maggiore, che riconofce il fuo effere dal moto violento di due Tuoni vicini, uno de' quali merita il nome di principale, perchè occupa con più padronanza il fito della nota, che lo chiede; L'altro poi ancorchè col fuo movimento poffegga il luogo della voce fuperiore, nulladimeno non vi fà altra figura, che di aufiliario. Da quefto Trillo nafcono tutti gli altri.   Il

Il fecondo è il Trillo minore compofto d'
un Tuono, e d'un Semituono maggiore,
che fieno proffimi, e le compofizioni poi
accennano dove, o l'uno, o l'altro convenga. Nelle cadenze però inferiori, o di
fotto il primo refta perpetuamente efclufo.
Se non è facile di fcoprir ne' Vocalifti la
differenza di quefti due Trilli, quantunque
fia di mezza voce, fe ne attribuifca la cagione alla poca forza che ha l'aufiliario per
farfi fentire, oltrechè effendo quefto Trillo più difficile a batterfi dell'altro, non
tutti fanno formarlo come fi deve, e la
trafcuraggine pafsa in ufo; Chi non la fcor-
geffe negli Strumenti ne incolpi l'udito.

Il terzo è il Mezzotrillo, che dal fuo nome fi fà conofcere. Chi poffiede il primo,
e il fecondo facilmente lo impara coll'arte di ftrignerlo un poco più, lafciandolo
poco dopo, che fi fa fentire, e aggiugnen-
dovi un pò di brillante, per cui nell'Arie
allegre piace più, che nelle patetiche.

Il quarto è il Trillo crefciuto, che infe-
gnafi col far afcendere impercettibilmente
la voce trillando di Coma in Coma fenza
che fi conofca l'aumento.

Il quinto è il Trillo calato, che confifte
nel far difcendere infenfibilmente la voce
a Coma per Coma col Trillo in forma che
non

non fi diftingua il declivo . Quefti due Trilli da che s' introduffe il vero buon gufto
non fono più in voga , anzi bifogna fcor-
darfi di faperli fare . Chi ha l' orecchio dilicato egualmente abborre le feccaggini
antiche , e gli abufi moderni.

Il fefto è il Trillo lento , che porta anch'
effo le fue qualità nel nome . Chi non lo
ftudiaffe crederei , che non doveffe perdere il concetto di buon Cantore , poichè
s'egli e folo è un Tremolo affettato , fe
poi fi unifce a poco a poco col primo , o
col fecondo Trillo , parmi che non poffa
piacere al più al piu , che la prima volta .

Il fettimo è il Trillo raddoppiato , che
imparafi col frapporre poche note in mezzo del Trillo maggiore , o minore , le quali baftino d' un folo a farne tre . Quefto è
particolare quando quelle poche voci , che
intermittentemente lo dividono fono di
corde differenti intonate con poffeffo ; Allor poi ch' egli è formato dolcemente sù
gl'acuti da un' ottima voce , che colle più
rare prerogative lo poffegga , e nol faccia
fentir fovente , non può difpiacere nè meno all invidia , fe non è maligna.

L' ottavo è il Trillo mordente , che ha
il dono di fervire di grato ornamento al
Canto, e la natura più che l' arte lo infegna.

gna. Ei nafce con più velocità degli altri, ma nato appena deve morire. Ha un gran vantaggio quel Cantante, che fa di tempo in tempo mifchiarlo ne' Paffaggi (come dirò nel loro Capitolo) e chi intende la Profeffione di rado fe ne priva immediatamente dopo l'Appoggiatura. Per ifprezzarlo, l'ignoranza fola non bafta.

Tutti quefti Trilli, difaminata che fia la loro foftanza, fi riftringono in pochi, cioè in quelli, che fono i più neceffarj, e quelli più degli altri chieggono dal Maeftro maggiore applicazione. Sò, e pur troppo lo fento, che fi canta fenza Trillo, ma non è da imitarfi l'efempio di chi non iftudia abbaftanza.

Il Trillo per fua bellezza vuol effer preparato, però non fempre efige la fua preparazione, poichè alle volte non glie la permetterebbe nè il Tempo, nè il gufto; La chiede ben sì quafi in tutte le Cadenze terminate, e in diverfi altri fiti congrui ora ful Tuono, ora ful Semituono più alto della fua nota fecondo la qualità del componimento.

Molti fono i difetti del Trillo, che bifogna sfuggire. Il Trillo lungo già trionfava mal a propofito, come fanno in oggi i Paffaggi; Ma raffinata che fù l'Arte, fi

lafciò a Trombetti, o a chi volea efporfi
al rifchio di fcoppiare per un' Eviva dal
popolaccio: Quel Trillo, che fi fà fentir
fovente, ancorchè foffe belliffimo, non piace: Quel che fi batte con difuguaglianza
di moto difpiace; Il Caprino fa ridere,
perchè nafce in bocca come il rifo, e l'
ottimo nelle fauci: Quel che è prodotto
da due voci in terza difgufta: Il lento annoja: E il non intonato fpaventa.

La neceffità del Trillo obbliga il Maeftro
a tener lo Scolaro applicato ad efercitar-
lo sù tutte le vocali, in tutte le voci, che
poffiede, e non folo fulle note bianche, ma
fulle Crome ancora, ove col progreffo del
tempo s' impara il Mezzotrillo, il Mordente, e la prontezza di formarlo eziandio in
mezzo alla velocità de' Paffaggi.

Dopo un franco poffeffo del Trillo offer-
vi l' Iftruttore fe lo Scolaro abbia l' iftefla
facilità nel lafciarlo, perchè non farebbe
il primo, che aveffe il difetto di non poter
diftaccarlo a fuo beneplacito.

Per infegnar poi dove il Trillo convenga fuor di Cadenza, e dove proibir fi debba è lezione rifervata alla pratica, al gufto, ed alla intelligenza.

DEL

DEL

PASSAGGIO

BEnchè il Paſſaggio non abbia in ſe forza, che baſti al produrre quella ſoavità, che s'interna, nè ſia conſiderato per lo più, che per ammirar in un Cantante la felicità d'una voce fleſſibile, nondimeno è di ſomma urgenza, che il Maeſtro nè iſtruiſca lo Scolaro, acciò con facile velocità, e giuſta intonazione lo poſſegga, che quando in ſito proprio è ben eſeguito eſige il ſuo applauſo, e fa il Cantore univerſale, cioè capace di cantare in ogni ſtile.

Chi avvezza la voce di chi ſtudia alla pigrizia di farſi ſtraſcinare non gl' inſegna, che la più picciola parte della ſua Profeſſione, e lo riduce alla impoſſibilità d' imparar la maggiore; Chiunque non ha la voce agile ne' Componimenti, che corrono in tempo ſtretto, e nè meno negli andanti tedia a morte colla più melenſa flemma, e tanto va tardando finalmente col tempo, che tutto quel che canta è quaſi ſempre fuor di Tuono.

Il Paſſaggio (ſecondo la opinione univerſale) è di due ſorte, Battuto, e Scivolato;

Pa-

Parendo, che dalla fua lentezza lo ftrafcino meriti più tofto nome di Paffo, che di
Paffaggio.

Nella Iftruzione del primo il Maeftro deve infegnar allo Scolaro quel moto leggie-
riffimo della voce in cui le note, che lo
compongono fieno tutte articolate con
egual proporzione, e moderato diftacca-
mento, affinchè il Paffaggio non fia, nè
troppo attaccato, nè battuto foverchio.

Il fecondo formafi in maniera, che la fua
prima nota conduca tutte quelle, che gli
vengono appreffo così ftrettamente unite di
grado, e con tanta uguaglianza di movimento, che cantando s'imiti un certo fdruc-
ciolofo lifcio, che da' Profeffori è detto *Sci-*
volo, i di cui effetti fono veramente gufto-
fiffimi, allorchè un Vocalifta fe ne ferve di
rado.

Il Paffaggio battuto per effere il più fre-
quentato degli altri, chiede anche maggior
efercizio.

La giurifdizione dello Scivolo è affai limi-
tata nel Canto, Egli talmente a poche corde
afcendenti, e difcendenti di grado fi riftrin-
ge, che fe non vuol difpiacere non può paffar la quarta. All' orecchio parmi più grato però quando fcende, che quando cammina per moto contrario.

Lo

Lo ſtraſcino poi conſiſte in diverſe voci
dolcemente ſtraſcinate dall' arte migliore
col forte, e col piano, della di cui bellezza
ne parlerò altrove.

Se 'l Maeſtrò anderà ſtrignendo inſenſibilmente il tempo allo Scolaro cantando i Paſ-
faggi vedrà, che non v' è mezzo più efficace
per ſcioglierli, e facilitargli la voce alla velocità del moto ; Avvertendo però, che
quella impercettibile alterazione non ſi con-
verta col tempo in abito vizioſo.

Gl' inſegni di battere i Paſſaggi coll' iſteſ-
ſa agilità nell'aſcender di grado, che nel
diſcendere, perchè ſe l' ammaeſtramento è
da Principiante, l' eſecuzione non è comune
ad ogni Cantore.

Dopo i Paſſaggi di grado gli faccia imparare colla maggior franchezza tutti quelli,
che ſono rotti da ogni ſalto più difficile, imperciocchè intonati, che ſieno con prontezza, e poſſeſſo meritano con giuſtizia d' eſſer
diſtintamente conſiderati. Lo ſtudio di queſto inſegnamento chiede più tempo, e fatica d' ogn' altro, non ſolo per le ſue ſtravaganti difficoltà, che per le conſeguenze
premuroſe, che ſeco porta ; E in fatti,
non reſta più ſorpreſo un Cantante, allorchè le note più ſcabroſe gli ſono famigliari.

Non traſcuri d' iſtruirlo del modo di miſ-
chiar

fchiar qualche volta ne' Paffaggi il piano col forte, lo fcivolo colle note battute, e di frapporvi il Metrotrillo fpezialmente fu le note puntate, purehè non fieno troppo vicine, acciò conofca ogni abbellimento dell' Arte.

Miglior di qualfivoglia lezione ne' Paffaggi farebbe quella da cui s' impara di unirvi di quando in quando il Mordente, fe chi ftudia lo aveffe dalla natura, o dall' artificio, e che il Maeftro con intelligenza di Tempo fapeffe indicargli il fito in cui fono maravigliofi gli effetti; Ma non effendo documento proprio per chi infegna le prime regole, e molto meno per chi comincia ad apprenderle, farebbe ftato meglio di pofporlo (come forfe avrei fatto) fe non fapeffi, che ci fono de' Scolari di così fina penetrazione, che in pochi anni diventano braviffimi Vocalifti, e che non mancano Iftruttori dotati d' ogni infegnamento adequato all' acuto ingegno de' loro Difcepoli; Oltre ciò non mi è paruto convenevole nel Capitolo de' Paffaggi (ne' quali fa più bella pompa d' ogn' altro ornamento il Mordente) di non farne parola.

Non foffra fe lo Scolaro canta i Paffaggi con difuguaglianza di tempo, e di moto, e lo corregga fe li batte colla lingua, col

C   men-

mento, o con altre fmorfie di tefta, e di vita.

Ogni Maeftro fa, che fulla terza, e quinta vocale i Paffaggi fono di peffimo gufto,
ma non tutti fanno, che dalle buone Scuole
non fi permettono tampoco fulla feconda, e
quarta, allorchè quefte due vocali vanno
pronunziate ftrette, o chiufe.

Molti difetti fcorgonfi ne' Paffaggi, che
bifogna conofcere per non intopparvi; Oltre a quelli di nafo, di gola, e d' altri già
noti, fono anche difpiacevoli quelli di chi
non li batte, nè li fcivola, perchè allora un
Vocalifta non canta, ma urla. Sono affai
più ridicoli però quando un Profeffore li
batte foverchio, e con tal rinforzo di voce,
che penfando v. g. di formare il Paffaggio
full' a fa fentir un certo effetto, come fe diceffe, ga, ga, ga; e l'ifteffo full'altre vocali. Il peggior poi d' ogni difetto è di chi
non gl'intuona.

Sappia l' Iftruttore, che fe una buona voce agiatamente fparfa fi fa migliore, agita-
ta poi dal moto velociffimo de' Paffaggi in
cui non ha tempo d' organizzarfi fi converte
in mediocre, e talvolta per negligenza del
Maeftro, e con pregiudicio dello Scolaro
diventa peffima.

I Paffaggi, e i Trilli nelle Siciliane fono
erro-

errori; E lo Scivolo, e lo Strafcino delizie.

Tutta la bellezza del Paffaggio confifte nell'effer perfettamente intonato, battuto, granito, eguale, rotto, e veloce.

I Paffaggi corrono la medefima forte, che i Trilli. Ambi egualmente dilettano nel loro nicchio; ma fe non fono rifervati alle occafioni opportune, la troppo quantità genera noja, e la noja difprezzo, & odio al fine.

Dopo, che lo Scolaro fi farà impadronito francamente del Trillo, e del Paffaggio il Maeftro gli dovrà far leggere, e pronunziar le parole fenza quegli erroracci ridicoli d'Ortografia in cui molti tolgono a qualche vocabolo le fue doppie confonanti per regalarne un'altro, che le ha femplici.

Corretta la pronunzia proccuri, che profferifca le medefime parole in maniera, che fenza affettazione alcuna fieno così diftintamente intefe, che non fe ne perda fillaba, poiche fe non fi fentono, chi canta priva gli afcoltanti d'una gran parte di quel diletto, che il Canto riceve dalla loro forza : Se non fi fentono, quel Cantore efclude la verità dall'artificio : E fe finalmente non fi fentono non fi diftingue la voce umana da quella d'un Cornetto, o d'un Haut-bois. Questo

difet-

difetto, benche maffimo in oggi è poco men che comune con notabile pregiudicio de' Profeffori, e della Profeffione; E pur non dovrebbono ignorare, che le parole fon quelle, che li fanno prevalere a Sonatori, quando fieno d' eguale intendimento. Il Maeftro moderno fappia fervirfi dell' avvifo, perchè la correzione non è ftata mai tanto neceffaria come adeffo.

Gli faciliti quella franchezza, che fi ricerca in fillabar fotto le notte, acciò non intoppi, nè vada tentone.

Gli proibifca di prender fiato in mezzo d' una parola, imperciocchè il dividerla in due refpiri è un errore, che la natura non foffre, e fi deve imitarla per non efferne burlato. In un movimento interrotto, o in un Paffaggio lungo non v' è quefto rigore, allorchè non fi poffa cantare, o l' uno, o l' altro in un fol fiato. Anticamente lezione fimile non era propria, che per chi ftudiava i primi princ¹pj, ora l' abufo è ufcito dalle Scuole moderne, e fatto adulto fi domeftica troppo con chi pretende diftinzione. Il Maeftro può correggerne lo Scolaro con quegl' infegnamenti da cui s' impara di far un buon ufo del refpiro, di provvederfene fempre più del bifogno, e di sfuggir gl' impegni fe 'l petto non refifte.

In

In ogni compofizione gli faccia poi conofcere il fito di refpirare, e di refpirar fenza
fatica, poichè ci fono de' Cantanti, che con
affanno di chi fente penano come gli afma-
tici ripigliando ftentatamente fiato ad ogni
momento, o arrivando all' ultime note sfia-
tati morti.

Cerchi l' Iftruttore qualche emulazione
allo Scolaro d' infelice ritenitiva, che lo in-
citi a ftudiar per impegno (che qualche volta ha più forza del genio) perchè fe in vece
d' una lezione ne fente due, e che la compe-
tenza non lo avvilifca, imparerà forfe prima
quella del Compagno, e poi la fua.

Non gli permetta mai cantando di tener
la carta di Mufica ful volto, acciò non im-
pedifca il fuono alla fua voce, nè lo renda
timido.

Affuefaccia lo Scolaro a cantar fovente in
prefenza di perfone riguardevoli, e per na-
fcita, e per intelligenza di Profeffione, affinchè perdendo a poco a poco ogni timore di-
venti ardito, ma non arrogante. L' ardire
è il primogenito della fortuna, e in un Cantore diventa merito. All' incontro chi teme
è infeliciffimo: Oppreffa dalla difficoltà del
refpiro gli trema fempre la voce: E neceffi-
tato ad ogni nota di perder il tempo per in-
ghiottire: Pena per non poter condur feco

la

la sua abilità fuor di Casa : Disgusta chi lo
sente : E rovina talmente le composizioni ,
che non si conoscono più per quelle che sono . Un Vocalista timido è sventurato come
un Prodigo , che sia miserabilmente povero .

Non trascuri il Maestro di fargli comprendere quanto sia grande l' errore di chi trilla ,
passaggia , o ripiglia il fiato sulle note sinco-
pate, o legate : e quanto sia grato l'effetto di
chi vi distende la voce , giacchè i componimenti in luogo di perdere acquistano maggior bellezza .

Lo istruisca del forte , e del piano con pat-
to però , ch' egli eserciti più il primo , che il
secondo , essendo più facile di far cantar
piano chi canta forte , che di far cantar forte , chi canta piano . La sperienza insegna ,
che non bisogna fidarsi del piano , poichè al-
letta per ingannare , e chi vuol perder la voce lo frequenti . A questo proposito v' è opinione fra' Musici , che vi sia un piano artifi-
cioso , che si faccia sentir come il forte , ma
è opinione , cioè Madre di tutti gli errori ;
Il piano di chi canta bene non si sente per arte , ma dal profondo silenzio di chi attentamente l' ascolta ; Per prova di ciò , se ogni
più mediocre Vocalista sta in Teatro un_
quarto di minuto tacendo quando deve cantare , allora l' Udienza curiosa di sapere il
moti-

motivo di quella paufa inafpettata ammuto-
lirà in modo, che s' egli in quello iftante
profferirà una parola fotto voce farà intefa
anche da i più lontani.

Si ricordi il Maeftro, che chi non canta
a rigor di tempo non può meritar mai la ftima degli Uomini intelligenti, ficchè infe-
gnando avverta, che non vi fia alcuna alterazione, o diminuzione fe pretende di ben
iftruire, e di fare un' ottimo Scolaro.

Se in certe Scuole i libracci a Cappella,
e i Madrigali a tavolino fofsero fepolti nella
polvere glie la fcuota chi è buon Iftruttore,
perchè fono i mezzi più efficaci per francar
lo Scolaro. Se non fi cantaffe quafi fempre
a mente, come fi fa in oggi, non sò fe certi
Profeffori poteffero foftenere il nome di Cantanti ottimi.

Lo incoraggifca allorchè fa profitto: Lo
mortifichi, fenza batterlo per la fua pertinace durezza: Sia più rigorofo con la negligenza: Nè termini mai inutilmente lezione
alcuna.

Un' ora di applicazione al giorno non bafta nè meno a chi ha pronte tutte le potenze
dell' anima; Confideri dunque il Maeftro
quanto tempo debba impiegare per chi
d' eguale prontezza non le poffiede, e quanto
ne chiegga l' obbligo di adattarfi alla capacità

C 4

40

cità di chi ſtudìa . In un Mercenario, che inſegna non può ſperarſi queſta neceſſaria convenienza ; Aſpettato dagli altri Scolari ,
annojato dalla fatica , ſollecitato dal biſogno, penſa, che il Meſe è lungo, guarda
l'orologgio, e parte. Se iſtruiſce per poco, vada a buon viaggio .

DEL

DEL

RECITATIVO.

IL Recitativo è di tre forte, e in tre manie-re diverſe il Maeſtro lo deve inſegnare allo Scolaro.

Il primo eſſendo Eccleſiaſtico è di ragio-ne, che ſi canti adattato alla Santità del luogo, che non ammette ſcherzi vaghi di ſti-le indecente, ma richiede qualche meſſa di voce, molte Appoggiature, & una conti-nua nobiltà ſoſtenuta. L'arte poi colla qua-le eſprimeſi non s'impara, che dallo ſtudio melliſluo di chi penſa di parlare a Dio.

Il ſecondo è Teatrale, che per eſſer inſe-parabilmente accompagnato dall'azione del Cantante obbliga il Maeſtro d'iſtruir lo Sco-laro d'una certa imitazione naturale, che non può eſſer bella ſe non è rappreſentata con quel decoro col quale parlano i Princi-pi, e quegli che a Principi ſanno parlare.

L'ultimo, a giudizio di chi più intende, ſi accoſta più degli altri al cuore, e chiamaſi Recitativo da Camera. Queſto eſige quaſi ſempre un particolar artificio a cagion delle parole, le quali eſſendo dirette (poco men che

che tutte) allo sfogo delle paſſioni più violenti dell' animo, impegnano l' Iſtruttore di
far imparare al ſuo Allievo quel vivo intereſ-
ſe, che arriva a far credere, che un Cantore le ſente. Uſcito poi che ſia lo Scolaro
dagli ammaeſtramenti, ſarà pur troppo facile, che non abbia biſogno di queſta lezione. Il diletto immenſo, che i Profeſſori nè
traggono deriva dalla cognizione che hanno di quell'arte, che ſenza l' ajuto de' ſoliti
ornamenti produce da ſe tutto il piacere; E
vaglia 'l vero, dove parla la paſſione i Trilli, e i Paſſaggi devon tacere, laſciando che
la ſola forza d' una bella eſpreſſiva perſuada
col Canto.

Il Recitativo Eccleſiaſtico concede a Vocaliſti più libertà degli altri due, e gli eſime
dal rigore del Tempo, maſſimamente nelle
Cadenze finali, purchè ſe ne prevalgano da
Cantanti, e non da Violiniſti.

Il Teatrale toglie ogni arbitrio all' artificio per non offendere ne' ſuoi diritti la nar-
rattiva naturale, quando però non foſſe
compoſto in qualche Solliloquio all' uſo di
Camera.

Il terzo rifiuta una gran parte dell' autori-
tà del primo, e ſi contenta d' averne più del
ſecondo.

Sono ſenza numero i difetti, e gli abuſi
in-

infoffribili, che nè Recitativi fi fanno fentire, e non conofcere da chi li commette,.
Proccurerò di notarne diverfi Teatrali, acciò
il Maeftro poffa emendarli.

V'è chi canta il Recitativo della Scena
come quello della Chiefa, o della Camera:
V'è una perpetua Cantilena, che uccide:
V'è chi per troppo intereffarfi abbaja. V'è
chi lo dice in fegreto, e chi confufo: V'è
chi sforza l'ultime Sillabe, e chi le tace:
Chi lo canta fvogliato, e chi aftratto: Chi
non l'intende, e chi nol fà intendere: Chi
lo mendica, e chi lo fprezza. Chi lo dice
melenfo, e chi lo divora: Chi lo canta frà
denti, e chi affettato: Chi non lo pronunzia, e chi non l'efprime: Chi lo ride, e chi
lo piange: Chi lo parla, è chi lo fifchia,:
V'è chi ftrida, chi urla, e chi ftuona: E
cogli errori di chi s'allontana al naturale,
v'è quel maffimo di non penfare all'obbligo
della correzione.

Con troppo nociva negligenza trafcurano
i moderni Maeftri l'iftruzione di tutti i Recitativi a' loro Scolari, poichè in oggi lo ftudio dell'efpreffiva, o non è confiderato come
neceffario, o è vilipefo come antico. E pur
dovrebbono giornalmente avvederfi, che
oltre all'obbligo indifpenfabile di faperli
cantare, fon quelli che infegnano di recita-

re ;

re; Se nol credeſſero, baſta che oſſervino ſenza luſinghe dell' amor proprio, ſe frà loro Alllevi vi ſia alcuno Attore, che meriti gli encomj di Cortona nell'amoroſo, del Sig. Baron Ballerini nel fiero, e d'altri famoſi nell'agire, *che preſentemente operano*, che è l'unico motivo per cui in queſte mie Oſſervazioni ho coſtantemente determinato di non nominarne alcuno in qualſivoglia perfetto grado della Profeſſione, e di ſtimarli quanto meritano, e quanto devo.

Chi non ſa inſegnare il Recitativo probabilmente non intende le parole, e chi non ne capiſce il ſenſo, come può mai iſtruir lo Scolaro di quella eſpreſſione, che è l'anima del Canto, e ſenza la quale non è poſſibiie di cantar bene? Signori Maeſtri deboli, che dirigete i Principianti ſenza riflettere all'ultimo etterminio in cui mettete la Muſica coll'indebolirgli i principali fondamenti, ſe non ſapete che i Recitativi, particolarmente vulgari, vogliono quegl'inſegnamenti, che alla forza delle parole convengonſi, vi conſiglierei di rinunziare il nome, e l'uffizio di Maeſtri a chi può ſoſtenere, e l'uno, e l'altro in vantaggio de' Profeſſori, e della Profeſſione; Altramente i voſtri Scolari ſacrificati all'ignoranza non potendo diſcernere l'allegro dal patetico, nè il concitato del tenero

non

non è poi maraviglia fe li vedete ſtupidi in
Iſcena, ed infenſati in Camera. A dirla come l'intendo, non è perdonabile la voſtra,
nè la loro colpa, orchè non è più ſoffribile il
tormento di ſentire in Teatro i Recitativi
cantati ſul guſto Corale de' Padri Cappuc-
cini.

La cagione però del non eſprimerſi più il
Recitativo all'uſo de' nominati Antichi non
ſempre procede dalla inſufficienza de' Maeſtri, nè dalla traſcuraggine de' Cantanti,
ma dalla poca intelligenza di certi Compoſitori moderni, i quali (a riſerva de' meritevoli) li concepiſcono coſì privi di naturale,
e di guſto, che non ſi poſſono nè inſegnare,
nè agire, nè cantare. Per giuſtificar chi inſegna, e chi canta la ragione ſe ne piglierà
l'incombenza: Per biaſimar chi compone,
la medeſima mi vieta d'entrare in una materia tropp' alta dal mio baſſo intendimento,
e ſaggiamente mi dice di rimirar con miglior
viſta quella mia poca, e ſuperficial tintura,
che appena baſta per un Cantore, o a ſcri-
ver nota contra nota. Se poi conſidero
all'impreſa in cui mi poſi in queſte Oſſervazioni di procurar diverſi vantaggi, a Vocaliſti, e ch'io non parli della compoſizione a
quali è tanto neceſſaria due mancamenti
commetto. Dubbioſa, e irreſoluta mi laſcie-
rebbe

rebbe la perpleffità in un intrigato laberinto
fe non me ne porgeffe il filo l'opportuno rifleffo col fuggerirmi, che i Recitativi non
han comercio col Contrappunto. Se così è,
chi farà quel Profeffore, che nou fappia, che
molti Recitativi Teatrali farebbon ottimi fe
non foffero confufi gli uni cogli altri : Se fi
poteffero imparar a mente : Se non mancaf-
fero d'intelligenza di parole, e di Mufica :
Se non ifpaventaffero chi canta, e chi fente
co' falti mortali dal bianco al nero : Se non
offendeffero l'orecchio, e le regole con peffime modulazioni : Se non tormentaffero il
buon gufto con una perpetua fomiglianza :
Se con attroci voltate di corde non traffig-
geffero l'anima : E fe finalmente i periodi
non foffero ftorpiati da chi non conofce nè
punti, nè virgole? Io mi ftupifco, che quefti tali non cerchino d'imitare per loro profitto i Recitativi di quegli Autori, che ci
rapprefentano in effi una viva immagine della verità coll'efpreffiva di certe note, che
cantano da loro fteffe, come fe parlaffero.
Ma a che ferve ch'io mi affanni! Pretende-
rò io forfe, che quefte ragioni con tutta la
loro evidenza fieno buone, quando nella
Mufica la ragione ifteffa non è più alla Moda? Gran dominio ha l'Ufanza! Coftei
affolvendo con ingiufta potenza fuoi par-

ziali da i veri precetti per non obbligarli
che all'unico studio de'Ritornelli non vuole,
che impieghino inutilmente il tempo prezio-
so nell'applicazione de'Recitativi,che secondo i suoi dogmi si devono lasciar cadere dalla penna, e non dalla mente. Se sia negligenza, o ignoranza non sò ; ma sò bensì,
che i Cantanti non ci trovano il loro conto.

Vi sarebbe ancora molto che dire sopra
le composizioni de' Recitativi in generale
a cagione di quella tediosa cantilena, che
ferisce l'udito con mille Cadenze tronche
in ogni Opera, che l'uso ha stabilite, benchè sieno senza gusto, e senz'arte. Per ri-
formarle tutte, il rimedio sarebbe peggior
del male: L'introduzione d'ogni Cadenza
finale sarebbe ororre. Se poi fra questi due
estremi fosse necessario il ripiego crederei,
che fra cento Cadenze tronche dieci breve-
mente terminate su' punti fermi, che chiu-
dono i periodi non fossero male impiegate.
Gl'intelligenti però non ne parlano, e il
loro silenzio mi condanna.

Ritorno al Maestro per risovenirgli sola-
mente, che il suo obbligo è d'insegnar la
Musica, e se lo Scolaro prima di uscir dalle
sue mani non canta franco, il danno cade
sull'innocente, e chi n'è reo non può ri-
sarcirlo.

Se

Se dopo quefti documenti l' Iftruttore
realmente conofce d' aver capacità baftante
per comunicare allo Scolaro cofe di maggior rilievo e concernenti al di lui progreffo,
dovrà immediatamente introdurlo allo ftudio dell' Arie Ecclefiaftiche, in cui bifogna
lafciar da parte ogni vezzo Teatrale, e fem-
minile, e cantar da Uomo ; Perciò lo prov-
vederà di varj Motetti naturali, nobilmen-
te vaghi, mifti d' allegro, e di patetico,
adattati all' abilità fcoperta in lui, e profe-
guire con frequenti lezioni a farglieli imparar sì, che con franchezza, e fpirito li
poffegga . Nel medefimo tempo proccure-
rà, che le parole fieno ben pronunziate, e
meglio intefe ; Che i Recitativi fieno efpreffi con forza, e foftenuti fenza affettazione :
Che le Arie non manchino nè di Tempo,
nè di qualche principio di guftofo artificio :
E foprattutto, che i finali de' Motetti fieno
efeguiti da' Paffaggi diftaccati, intonati, e
veloci. Succeffivamente gl' infegnerà quel
metodo, che al gufto delle Cantate richiedefi, affinchè coll' efercizio ei fcopra la
differenza, che verte fra l'uno, e l'altro ftile.
Contento che fia il Maeftro del profitto dello
Scolaro non s' immaginaffe mai di farlo fentire in pubblico fe prima non ode il favio
parere di quegli Uomini, che fanno più cantare

tare, che adulare, poichè non solo fceglie-
ranno quelle compofizioni più proprie a_
fargli onore, ma lo correggeranno anche di
que' difetti, e forfe di quegli errori, che_
dall' ommiffione, o dall'ignoranza dell'
Iftruttore non erano ftati emendati, o cono-
fciuti.

Se tutti quegli, che infegnano confideraf-
fero, che dalle noftre prime comparfe in_
faccia al Mondo dipende il perdere, o l'
acquiftar nome, e coraggio, non efporreb-
bono così alla cieca i loro Allievi al peri-
colofo azzardo di cadere al primo paffo.

Se poi il Maeftro non aveffe altra cognizione di quella, che bafta per le fcorfe regole, allora per impegno di cofcienza non
può innoltrarfi, anzi deve efortar lo Scolaro di paffare per fuo vantaggio a migliori
Iftruzzioni. Innanzi però ch' egli vi giunga
non farà forfe del tutto inutile, ch'io feco
parli, e fe l' età non gli permette di capir-
mi, m'intenda chi ne ha direzione, e cura
ne' feguenti capitoli.

D   OS-

OSSERVAZIONI

Per chi studia.

AVanti d'entrare nella vasta e difficultosa applicazione del Canto Figurato è necessario, che si consulti la propria vocazione senza di cui ogni studio sarebbe gettato al vento, non essendo possibile di resistere all'ostinato contrasto della medesima, quando con forza occulta ci porta altrove; Dove poi impiega le sue lusinghe immediatamente persuade, e risparmia al Principiante la metà della fatica.

Supposto dunque, che ansioso lo Scolaro inclini all'acquisto di si bella Professione, e sia già istrutto de' passati affannosi principj, e di molt'altri usciti dalla debolezza della mia memoria, dovrà ricorrere al possesso delle virtù morali, e sacrificare il resto della sua attenzione allo studio di ben cantare, acciò mediante l'uno, e l'altro progresso giunga alla felicità di unire le qualità più nobili dell'animo alle doti più singolari dell'ingegno.

Se chi studia brama di cantare pensi che indispensabilmènte dalla sua voce dipen-

pende, o la fua fortuna, o la fua difgrazia;
ficchè per confervarfela deve aftenerfi da
ogni forta di difordini, e da tutti i diverti-
menti violenti.

Sappia perfettamente leggere per non
aver il roffore di mendicar le parole, e per
non incorrere in que' fpropofiti, che deri-
vano dalla più vergognofa ignoranza. Oh
quanti avrebbono bifogno d'imparar l'Al-
fabeto !

In cafo, che il Maeftro non fapeffe correggere i difetti della pronunzia proccuri
di apprender la migliore, poichè la fcufa
di non effer nato in Tofcana non efime chi
canta dall' errore d'ignorarla.

Con efatta diligenza cerchi ancora di
emendarfi di tutti quegli altri, che foffero
ftati dalla negligenza dell' Iftruttore om-
meffi.

Studj infieme colla Mufica almeno la
Grammatica, acciò poffa intendere quelle
parole che dovrà cantare in Chiefa, e per
dar quella forza, che all' efpreffione con-
vienfi sì nell' una, che nell' altra lingua.
Ardirei quafi di credere, che diverfi Profeffori non intendono il volgare non che il
latino.

Eferciti iftancabilmente da fe la voce alla
velocità del moto per trovarla ubbidiente in

ogni

ogni occorenza, fe pretende d'efferne più Padrone che Schiavo, e di non avere il nome di Vocalifta patetico.

Non tralafci di tempo in tempo di mettere, e di fermar la voce, affinchè fia fempre difpofta per fervirfene in tutte due le forme.

Ripeta tante volte la fua lezione a Cafa finchè francamente la poffegga, pofcia ne faccia memoria locale per rifparmiare al Maeftro il tedio di replicarla, e a fe la pena di doverla riftudiare.

Il Canto efige l'applicazione con tanto rigore, che a viva forza obbliga di ftudiar colla mente, quando non fi può colla voce.

Lo ftudio indefeffo d'un giovanetto è ficuro di fuperar tutte le oppofizioni, che gli vanno incontro, ancorchè foffero difetti fucchiati col latte; Quefta mia opinione è foggetta a forti obbiezioni, però la diffenderà la fperienza, unita alla feguente condizione *purchè fappia a tempo ben correggerfene*, che fe tarda l'emenda crefcon cogli anni, e diventano tanto più orribili quanto più s'invecchiano.

Senta più che può i Cantanti più celebri, e gli ottimi Sonatori ancora, imperocchè dall'attenzione di afcoltarli fe ne ricava

più

più frutto, che da qual ſi voglia inſegna‹
mento .

Cerchi poi di copiare, e gli uni, e gli
altri per entrar inſenſibilmente nel buon⹁
guſto collo ſtudio altrui . Queſto documen‑
to, benchè utiliſſimo a chi ſtudia, con tut‑
to ciò pregiudica infinitamente un Canto‑
re, e in qualche ſuo luogo ne dirò la ra‑
gione .

Canti ſovente le più guſtoſe compoſizio‑
ni de' migliori Autori, che ſono dolci in‑
centivi per frequentarne l'uſo , ed aſſue‑
fanno l'orecchio a ciò, che piace . Sappia
chi ſtudia, chè dalla ſuddetta imitazione,
e dall'impulſo de' buoni componimenti il
guſto col tempo diventa arte, e l'arte na‑
tura .

Impari d'accompagnarſi s'egli aſpira a
cantar bene. Invita con affetto coſì vio‑
lento il Gravecembalo allo ſtudio , che ne
vince la più pertinace negligenza, e illu‑
mina ſempre più l'intelletto ; L'evidente
profitto , che da quell' amoroſo ſtrumento
a Vocaliſti ne riſulta aſſolve gli eſempli dall'
impegno di perſuadere ; Oltrechè ſpeſſe
volte accade a chi non ſa ſonare, che ſen‑
za l'ajuto altrui non può farſi ſentire, nè
ubbidir talvolta a Sovrani comandi con ſuo
gran danno, e maggior confuſione .

Sin‑

Sinchè un Cantante non piace a se stesso, certo è, che non piacerà mai agli altri. Onde riflettasi che se i Professori d'intendimento più che mediocre son privi di quel diletto per non aver imparato quanto basta, cosa dovrà mai far lo Scolaro? Studiare, e poi studiare, e non compiacersi per poco.

Stò quasi per dire, che sia infallibilmente vana qualunque applicazione al Canto se non è accompagnata da qualche poca cognizione di Contrappunto. Chi sa comporre sa render conto di quello, che fà, e chi non ha l'istesso lume opera allo scuro, ne può cantar molto tempo senza errare: I più rinomati Antichi dagli effetti conoscevano il valore intrinseco di questo documento, e un ottimo Scolaro deve imitarli senza che gli prema se la lezione sia, o non sia alla moda; Che sebben in oggi odansi di quando in quando delle cose mirabili concepite da un gustoso naturale sono tutte fatte a caso, e raccomandate all' Udienza dall' azzardo; Le altre poi (a chi ben le considera) se non sono pessime saranno indubitatamente cattive, perchè non potendo la fortuna coprir sempre i difetti, non si accorderanno nè col Tempo, nè col Basso. Questa intelligenza ancorchè necessaria non è però bastante a farmi consigliar

lo

lo Scolaro ad immergerfene in una profonda occupazione, effendo certo, che gl'infegnerei il modo più facile di perder la voce; Lo eforto ben sì quanto poffo ad impararne folamente le regole principali per non cantare alla cieca.

Studiare affai, e confervar la voce nella fua bellezza fon due cofe poco men che incompatibili; V'è tra loro una tal quale amicizia, che quantunque fenza intereffe, e fenza invidia difficilmente dura; Se fi riflette però, che la perfezione nella voce è un dono gratuito, e nell'arte un acquifto penofo fi decide, che quefta prevalga a quella sì nel merito, che nella lode.

Chi ftudia cerchi l'ottimo, e lo cerchi dov'è fenza che gl'importi fe fia nello ftile di quindici, o vent'anni fono, o di quefti giorni, poichè il buono (come il cattivo) è di tutti tempi; Bafta faperlo trovare, conofcere, e approfittarfene.

Per mia difgrazia irreparabile fon vecchio, ma fe foffi giovane vorrei imitare quanto mai poteffi nel cantabile quegli, che fono chiamati col brutto nome d'Antichi, e nell'allegro quefti che godono il belliffimo carattere di Moderni. Se 'l mio defiderio è vano all'età in cui mi trovo, non farà infruttuofo ad un favio Scolaro, che brami egual-

men-

56

mente d'effer abile nell'una, e nell'altra forma, che è l'unica ftrada per arrivare alla perfezione; Se poi fi doveffe fcegliere, gli direi con franchezza, che fi attaccaffe al gufto de'primi fenza temere, che la parzialità m'ingannaffe.

Ogni modo di cantare ha differente rango; Vi fi diftingue il virile dal puerile, come il Nobile dal Plebeo.

Chi ftudia non fperi mai d'incamminarfi agli applaufi, fe non gli fà orrore l'ignoranza.

Chi non afpira ad occupare il primo luogo già comincia a cedere il fecondo, e a poco a poco fi contenta dell'ultimo.

Se fi permettono a tante deboli Cantatrici i paffi fcritti in vigore del loro privilegio, non deve chi ftudia per diventar un buon Profeffore imitarne l'efempio. Chi fi avvezza ad effere imboccato diventa fterile, e fi fà fchiavo della fua memoria.

Se lo Scolaro aveffe difetti, particolarmente di nafo, di gola, o d'orecchio non canti mai fe non è prefente il Maeftro, o qualcheduno che intenda la Profeffione, e lo corregga, Altramente acquiftano maggior forza, e la perde il rimedio.

Studiando a Cafa le fue lezioni canti di tempo in tempo avanti d'uno fpecchio, non

per

per incantarfi alla compiacenza delle proprie bellezze, ma per liberarfi da i moti convulfivi del corpo, o del volto (che con tal nome chiamo tutti que' vizj fmorfiofi d' un Cantore affettato) che quando han prefo piede, non fe ne vanno mai più.

Le ore più proprie per lo ftudio fono le prime del Sole; Le altre poi, efclufe le neceffarie all'individuo, fono per chi ha bifogno di ftudiare.

Dopo un lungo efercizio, e poffeffo d' intonazione, di meffe di voce, di trilli, di Paffaggi, e di Recitativi ben efpreffi, fe lo Scolaro confidera, che l'Iftruttore non_ può infegnargli tutta quella perfetta efecuzione, che all' arte finiffima dell' Arie richiedefi, nè effergli fempre al fianco, allora comincerà a conofcere il bifogno, che ha di quello ftudio in cui il miglior Cantante del Mondo è Difcepolo, e Maeftro di fe fteffo; *Se quel rifleßo è maturo*, io lo configlio per fua prima illuminazione di leggere il feguente capitolo per ricavarne pofcia maggior vantaggio da chi fa cantar le Arie, e infegnarle; *Se non lo foffe*, più acerbo, e più amaro farebbe il frutto.

DELL'

DELL'

ARIE.

SE chi primo introduffe l'ufo di ripigliar le Arie da capo ebbe per motivo il far comprendere l'abilità di chi canta variando le repliche nell'intercalare non può biafi-marfi l'invenzione da chi ama la Mufica, pe-rò tolfe una gran forza alle parole.

Da i nominati Antichi le Arie fi cantava-no anch'effe in tre maniere diverfe: Per il Teatro lo ftile era vago, e mifto: Per la Ca-mera miniato, e finito: E per la Chiefa af-fettuofo, e grave. Quefta differenza a mol-tiffimi moderni è ignota.

Non v'è per un Cantore obbligo più pre-cifo, che lo ftudio dell'Arie, poichè fon quel-le, che gli formano, o diftruggono il concetto. Ad un acquifto così preziofo poche lezioni verbali poffono fervir d'infegnamento, nè gran profitto rifulterebbe nè meno allo Sco-laro, quando anche aveffe una quantità d'Arie in cui foffero fcritti in mille forme i Paffi più rari, perchè non bafterebbono per tutte, e mancherebbon fempre di quel dol-ce

ce portamento di voce dell' Autore, che in-
contraftabilmente è il primo mobile dell' arte, e della natura. Tutto quello, che a mio
credere dir fi poffa, confifte in perfuaderlo
di offervar attentamente il belliffimo Difegno col quale regolanfi i migliori Cantanti
col Baffo, e a mifura, che la fua capacità fi
aumenta egli ancora anderà fcoprendo l' artificio, e l' intelligenza. Se poi non fapeffe
come copiare il Difegno di que'Valentuomi-
ni, glie lo infegnerà l'efempio d'un mio cor-
dialiffimo amico, che non andava mai a fentir Opere fenza la compofizione di tutte
quell' Arie, che il più famofo Profeffore
cantava; Ivi nel moto de' Baffi contem-
plando con ammirazione la più ftudiata fi-
nezza dell' Arte totalmente riftretta nel rigor più fevero del Tempo ne ricavò qualche
progreffo.

Fra le cofe degne di confiderazione fe gli
prefenterà a prima vifta nel medefimo Difegno l' ordine col quale tutte le Arie divife in
tre parti vogliono effer cantate. Nella prima non chieggono, che ornamenti femplici,
guftofi, e pochi, affinché la compofizione
refti intatta: Nella feconda comandano,
che a quella purità ingegnofa un artificio fingolare fi aggiunga, acciò chi fe n' intende
fenta, che l' abilità di chi canta è maggiore:

re: Nel dir poi le Arie da capo, chi non varia migliorando tutto quello, che cantò, non è grand' Uomo.

Si avvezzi dunque chi ſtudia a replicarle ſempre diverſamente, che (ſe non m'inganno) un abbondante, benchè mediocre Vocaliſta merita aſſai più ſtima d'un migliore, che ſia ſterile, perchè queſti non può dilettar gl'intelligenti, che la prima volta, e quello ſe non ſorprende colla rarità delle ſue produzioni, almeno colla diverſità alimenta l'attenzione.

Quegli che ſono nel numero degli ottimi Antichi s'impegnavano di ſera in ſera di cangiar nell'Opere non ſolo tutte le Arie patetiche, ma qualcheduna delle allegre ancora. Chi ſtudia, e non aſſoda bene i fondamenti non può ſoſtenere il grave peſo d'un' eſempio coſì importante.

Senza variar l'Arte nell'Arie non ſi ſcoprirebbe mai l'intendimento de' Profeſſori, anzi dalla qualità della variazione facilmente ſi conoſce fra due Cantori di prima sfera qual ſia il migliore.

Ritornando dalla digreſſione al ſuddetto Diſegno dell'Arie, lo Scolaro vi troverà le regole dell'artificio, e la diſtribuzione dell'ingegno; Quelle inſegnano, che il Tempo, il Guſto, e l'intendimento ſono mezzi talvolta poco

co men che inutili a chi non ha la mente prov-
vida d'abbellimenti improvviſi: E la ſeconda
non permette, che la ſuperfluità de' medeſi-
mi pregiudichi la compoſizione, e confonda l'udito.

Chi ſtudia impari prima di ſapere, e poi
del molto, che ſaprà ſappia anche prevaler-
ſene con giudizio. Per eſſerne pienamente
perſuaſo oſſervi, che i Cantanti più celebri
non fanno mai pompa del loro talento in poche Arie, non ignorando che quando i
Vocaliſti in un giorno ſolo eſpongono al
pubblico tutto ciò, che hanno in bottega
ſon vicini a far Banco rotto.

Allo Studio dell'Arie (già 'l diſſi) non
v'è diligenza che baſti; E ſe traſcuranſi certe coſe, che pajono o ſieno di poco rilievo,
come potrà l'Arte eſſer perfetta ſe non è
finita?

Nell'Arie a ſolo l'applicazione di chi ſtudia l'artificio è ſolamente ſoggetta al Tempo, & al Baſſo, ma in quelle, che ſono accompagnate da Strumenti, allora biſogna,
che ſia intenta al loro andamento ancora
per evitar quegli errori, che ſi commettono
da chi non imparò a conoſcerli.

Per non metter piede in fallo cantando le
Arie due forti inſegnamenti fanno un gran
lume a chi ſtudia; Il primo eſorta con un

favio configlio ad errar mille volte in privato (fe occorre) con ficurezza di non fallar
mai in pubblico ; E il fecondo a forza di ragioni, che non hanno rifpofta, ordina che
fi cantino alla prima prova fenz' altri ornamenti che naturali , con ferma intenzione
però, che fi efamini nello fteffo tempo colla
mente il fito dove convengano gli artificiali
nella feconda ; Così di ripetizione in ripetizione, e di ben in meglio cangiando fempre fi diventa infenfibilmente un gran Cantore .

Lo ftudio più neceffario , e molto più difficile d' ogn' altro per cantar perfettamente
le Arie è quello di cercare il facile, e di ri-
trovarlo nella bellezza del penfiero . Chi ha
la forte di poter unire doti fi pellegrine ad
un foave portamento di voce, fra Profeffori è il più felice .

Chi ftudia a difpetto d' un ingrato naturale per fua confolazione fovvengafi, Che l'
Intonare, l' Efprimere, le Meffe di voce,
le Appoggiature, i Trilli, i Paffaggi, e l'Accompagnarfi fono qualità principali , e non
difficoltà infuperabili. So che non baftano
per cantar bene, e che bifognerebbe effer
pazzo per contentarfi di non cantar male,
ma fogliono chiamar l' artificio in ajuto, che
di rado le abbandona, e talora viene da
fe . Bafta ftudiare .   Fug-

Fugga tutti quegli abuſi, che ſi ſono ſparſi, e ſtabiliti nell'Arie ſe vuol conſervare⌒ alla Muſica il ſuo pudore.

Ogni Cantante (non che lo Scolaro) deve aſtenerſi dalle caricature per le peſſime⌒ conſeguenze, che ſeco portano. Chi fà ridere, difficilmente ſi fà ſtimare : Diſguſtano chi non ha piacere di paſſar per ridicolo, o per ignorante : Naſcono per lo più dalla ſimulata ambizione di correger gli altri per far pompa della propria intelligenza ; Piaceſſe a Dio, che non foſſero nudrite col ve. lenoſo latte dell' invidia, o della mormorazione : E gli eſempli ci fanno pur troppo ſentire, che ſi attaccano ; Giuſtiſſimo è il gaſtigo, *ut pœna Talionis* iſtituita da San⌒ Damaſo, e il rimprovero è a propoſito, giacchè le Arie caricate han rovinato più d'un Cantore.

Non ho perſuaſiva ne parole che poſſano raccomandare come vorrei, e quanto biſogna il rigor di Tempo a chi ſtudia ; E ſe più d'una volta ne replico l'iſtanza, anche più d'una occaſione me ne porge il motivo, imperocchè frà i primi della Profeſſione⌒ pochiſſimi ſon quegli, che non ne ſieno ingannati da una quaſi inſenſibile alterazione, o diminuzione, e qualche volta da tutte due, le quali benchè in principio della
com-

64

compofizione appena fi comprendano, nel corfo però dell'Arie diventando a poco a poco maggiori, nel fine poi fe ne fcopre lo fvario, e collo fvario l'errore.

Se non configlio chi ftudia ad imitare diverfi Moderni nel loro modo di cantar le Arie fe n'incolpi il rigorofo precetto del Tempo, che effendo coftituito dall'Intelligenza per legge inviolabile alla Profeffione feveramente me lo proibifce; E a dire il vero, il poco conto che ne fanno per facrificarlo al gufto infulfo de'loro amati Paffaggi è troppo ingiufto per tollerarlo.

Non è compatibile la debolezza di certi Vocalifti, che pretendono, che un'Orcheftra intera fi fermi nel più bel corfo del regolato movimento dell'Arie per afpettare i loro mal fondati capricci imparati a mente per portarli da un Teatro all'altro, e forfe rubati al popolare applaufo di qualche fortunata più che efperta Cantatrice a cui fi condona l'errore del Tempo in grazia dell'efenzione. Adagio, adagio colla critica, mi dice un arbitrario: Quefto, fe nol fapete, fi chiama Cantare alla Moda; Cantar alla Moda? Voi v'ingannate, rifpondo io, Il fermarfi nell'Arie ad ogni feconda, e quarta, e sù tutte le fettime, e fefte del Baffo era ftudio vano de'Profeffo-

ri

ri antichiſſimi diſapprovato (ſono già più
di cinquant'anni) dal Rivani (detto Cieco-
lino) inſegnando con ragioni invincibili, e
degne d'eſser eterne, che chi ſi fa cantare trova ſul Tempo congruenza di ſito che ſerva
agli abbellimenti dell' arte ſenza inventare, nè mendicar pauſe. Se foſſe documento
che meritaſſe imitazione ſi conobbe da quegli che ſe lo impreſsero nell'animo, frà quali
il primo fù il Signor Piſtocchì Muſico il più
inſigne de' noſtri, e di tutti i tempi, il di
cui nome ſi è reſo immortale per eſſere ſtato egli l'unico Inventore d'un guſto finito,
e inimitabile, e per aver inſegnato a tutti
le bellezze dell' Arte ſenza offendere le mi-
ſure del Tempo. Queſto ſolo eſempio, che
val per mille (o riverito Moderno) dovrebbe baſtare per diſingannarvi; Ma ſe mai
foſte incredulo, vi aggiugnerò, che Sifaco
col ſuo divino melliſluo ne abbracciò l'inſegnamento: Che Buzzoleni con una intelligenza incomparabile ne adorava (per
coſi dire) il precetto: Che Luigino comparve dopo col ſuo dolce, & amoroſo ſtile a ſeguirne l'orme: Che la Signora Boſ-
chi per gloria del ſuo ſeſso ha fatto ſentire,
che le Donne che ſtudiano ponno inſegnare colle medeſime leggi l'artificio più raro
anche agli Uomini di credito: Che la Si-

E   gnora

gnora Lotti accompagnata dalle ſteſſe regole, e da una ſoavità penetrante chiedea
cantando il cuore ne ſi potea negargli ciò
ch' era ſuo. Se Perſonaggi di queſta ſfe-
ra, in cui ſarebbe ignoranza, o malizia
ſe non inchiudeſſi colla mente (giacchè non poſſo colla penna) diverſi Cantori celebratiſſimi l'applauſo de'quali corre
preſentemente per tutta l'Europa ſenza ch'
io li nomini ; Se tutti queſti con certi Di-
lettanti capaci d'ingeloſire anche i più abili Profeſſori non baſtaſſero a farvi comprendere, che non ſi può, nè ſi deve arbi-
trare dovreſte almen capire, che coll'error del Tempo cadete in un' altro forſe
maggiore, che è quello di non ſapere,
che quando la voce è ſenza accompagna-
menti è priva d'armonia, e conſeguente-
mente reſta ſenz' arte, e fà sbavigliar gl'intelligenti. Voi forſe per iſcuſarvi più,che per
giuſtificarvi mi direte, che pochi aſcoltanti
hanno queſto diſcernimento, e che infiniti
ſono gli altri, che ciecamente applaudono
a tutto ciò, che ha qualche apparenza di
novità. Ma di chi è l'errore ? Quella Udienza, che loderebbe anche il biaſimo non
copre i voſtri difetti, allorchè ſcopre la
ſua ignoranza ; Tocca a voi a correggerli,
e abbandonando la voſtra mal fondata oſti-
na-

nazione dovete confeffare, che la libertà, che vi prendete urta la ragione, e infulta que' forti infegnamenti, che nello fteffo tempo condannano voi, e come compli- ci del voftro delitto, tutti que' Sonatori, che v' afpettano con pregiudizio del lo- ro grado, perchè l' ubbidire è un' atto fervile, che non conviene a chi è voftro compagno, voftro eguale, e a chi non può riconofcere altro Padrone, che il Tempo. Riflettete in fine, che il fuddetto ammae- ftramento vi farà fempre vantaggiofo, che fe (errando) avete la forte di guadagnar gli eviva degl' ignoranti, allora con giufti- zia meriterete ancor quelli degl' intelligen- ti, e l' applaufo farà univerfale.

Non terminano però cogli errori del Tempo i giufti motivi di obbligar chi ftudia a non imitare i Signori Moderni nell' Arie, orchè patentemente fcorgefi, che tutta la loro applicazione è diretta a romperle, e a fminuzzarle in guifa, che non è poffibile di poter più fentire, nè parole, nè penfie- ri, nè modulazioni, nè difcernere un' Aria dall' altra a cagione di tal fomiglianza, che una che fe ne fenta ferve per mille: E la Moda trionfa? Si credeva (non fono molt' anni) che in ogni Opera baftaffe al più gor- gheggiante Profeffore un' Aria rotta per

isfo-

isfogarfi, ma i Cantanti d'oggidì non fono di quel parere, anzi come non foffero
contenti appieno di trasformarle tutte con
orrida metamorfofi in tanti Paffaggi corrono a briglia fciolta ad attaccare con rin-
forzate violenze i loro finali per riparazio-
ne di quel tempo, che fognanfi d'aver per-
duto nel corfo dell'Arie. Nel capitolo delle tormentate Cadenze vedremo in breve
fe la Moda fia di buon gufto, e in tanto ritorno agli abufi, e a i difetti dell'Arìe.

Non fo pofitivamente chi fia ftato fra'
Moderni quel Compofitore, o Vocalifta
ingrato, che ha avuto cuore di riformar l'
amorofo Patetico dall'Arie come non foffe più degno dell'onore de'fuoi comandi
dopo una lunga, e grata fervitù; Chiunque però fiafi, certo è ch'egli ha tolto alla
Profeffione ciò, ch'ella avea di migliore.
Il mio debole intendimento non arriva a
fvilupparne la caufa tanto più, che fe chie-
do a tutti i Mufici in generale, che concetto abbiano del Patetico, quefti uniti d'
opinione (cofa che di rado fuccede) mi rif-
pondono, Ch'egli è la delizia più cara
dell'udito, la paffione più dolce dell'animo, e la bafe più forte dell'armonia; E di
fi belle prerogative non fe ne fentirà più
nota fenza faperne il perchè? Ho intefo.

Non

Non bisogna ch'io interroghi i Professori,
ma la pazza bizzaria del popolo Protettor
volubile della Moda, che non potrà soffrir-
lo. Eh che questo è un inganno della mia
opinione ; La Moda, e il popolo vanno a
seconda come l'acque di que' Torrenti, che
portate dalla piena cangiano sovente d'al-
veo, e poi al primo Ciel sereno si ritirano
nel loro nulla ; Il male è nella sorgente,
la colpa è de' Cantori ; Lodano il Patetico, e cantan l' Allegro ? Sarebbe ben privo affatto di senso comune chi non gl' in-
tendesse. Conoscono il primo per ottimo,
ma sapendo ch' egli è assai più difficile del
secondo lo lasciano a parte.

Altre volte udivansi in Teatro diverse
Arie sù quel dolcissimo metodo precedu-
te, ed accompagnate da'armoniosi, e ben
modulati Strumenti, che rapivano i sensi a
chi ne comprendeva l' artificio, e la melo-
dia ; Se poi erano cantate da quelle cinque,
o sei persone illustri, che nominai, allora
non era possibile, che al moto violento degli affetti l' umanità negasse la tenerezza, e
le lagrime. O gran prova per confondere
l'idolatrata Moda ! V' è forse in oggi chi
al miglior Canto s'intenerisca, e pianga ?
Nò (dicon tutti gli ascoltanti, nò) poichè
il Cantar sempre allegro de' Moderni, ben-

E 3   chè

chè nel suo forte sia meritevole d'ammirazione, se arriva, non passa l'abito esteriore
di chi ha l'orecchio dilicato. Il gusto de'
chiamati Antichi era un misto di gajo, e
di cantabile la di cui varietà non potea far
di meno di dilettare; L'odierno è tanto
preoccupato pel suo, che purchè s'allon-
tani dall'altro si contenta di perdere la
maggior parte della sua vaghezza; Lo studio del Patetico era la più cara occupazione de'primi: E l applicazione de'Passaggi
più difficili è l'unica meta de'secondi. Quegli operavano con più fondamento; E questi eseguiscono con più bravura. Ma giacchè il mio ardire è giunto fino alla comparazione de'Cantanti più celebri dell'uno,
e dell'altro stile, gli si perdoni anche la temerità di conchiuderla dicendo, Che i Moderni sono inarrivabili per cantare all'udito, e che gli Antichi erano inimitabili per
cantare al cuore.

Non si niega però, che i migliori Vocalisti d'oggi non abbiano in qualche parte raffinato il gusto passato con produzioni degne d'esser imitate non solo da chi studia,
ma anche da chi canta; Anzi per evidente
contrassegno di stima bisogna pubblicamen-
te confessare, Che se amassero un poco più
il Patetico, e l'espressiva, e un pò meno i
Pas-

Paſſaggi potrebbono gloriarſi di aver condotta l' Arte alla ſommità del grado.

Potrebbe anch' eſſere, che le ſtravaganti idee, che in molte compoſizioni ora ſi ſentono foſſero quelle che toglieſſero a ſuddetti Cantori il modo di poter unire il cantabile alla loro intelligenza, imperocchè queſt' Arie all' uſanza vanno a ſpron battuto ad agitarli con moti coſì violenti, che li privano di reſpiro, non che di far pompa del loro finiſſimo intendimento. Ma Dio immortale! Giacchè ci ſono tanti Compoſitori moderni (tra' quali più d' un ve n' ha di mente eguale, e forſe più aperta di quelle de' migliori Antichi) per qual ragione, con qual motivo eſcludono ſempre dalle rare invenzioni de' loro belliſſimi penſieri il ſoſpirato Adagio? Che delitto può mai commettere il ſuo flemmatico temperamento? Se non può galoppare coll' Arie, che corrono la poſta, perchè non laſciarlo con quelle, che han biſogno di ripoſo, o almen almeno con una ſola, che pietoſa aſſiſta un infelice Eroe, allor che deve piagnere, e morire in Teatro? Signor nò, la gran Moda vuol che pianga, e crepi cantando preſto, e allegramente. Ma chè! L' ira del guſto moderno non ſi placa col ſacrificio ſolo del Patetico, e dell' Adagio amici indiviſibiliſſi-

liffimi, ma paffa tant'oltre, che fe le Arie
non hanno la terza maggiore fono anch'effe
per confederazione profcritte. Si può fentir di peggio? Signori Compofitori (io non
parlo agl'infigni, che colla dovuta venera-
zione) la Mufica a mio tempo cangiò tre
volte ftile; Il primo, che piacque sù le Scene, e in Camera fù quello di Pierfimone, e
di Stradella; Il fecondo è de' migliori, che
vivono, e lafcio giudicare agli altri fe fieno
giovani,e moderni. Del voftro, che non è ancora ftabilito affatto in Italia, e che di là da
Monti non hà credito alcuno, ne parleranno
fra poco tépo i pofteri giacchè le mode non
durano.Ma fe laProfeffione deve efiftere,e finir colMondo,o voi fteffi vi difingannerete,o
lo riformeranno i voftri Succeffori;Sapete come? Efiliando gli abufi; e richiamando il primo,il fecondo,e il terzo Tuono per follevare
il quinto, il fefto, e l'ottavo oppreffi dalle fatiche: Faranno rifufcitare il quarto, e
il fettimo morti per voi, e fepolti in Chiefa
co'Finali: Per gufto di chi canta, e di chi
intende fi udirà l'Allegro mifto di quando in
quando col Patetico: Le Arie non faranno
tutte foffocate dalla indifcrezione degli Strumenti, che coprono l'artificiofa miniatura
del piano, le voci delicate, e quelle ancora
di chi non vuol urlare; Non foffriranno più
l'Im-

l'importuna veſſazione degli Uniſoni inventati dall'ignoranza per naſcondere al popolo la debolezza di tanti, e tante. Ricupereranno la perduta armonia ſtrumentale: Saranno compoſte più per i Cantanti, che per i Sonatori: La parte che canta non avrà più la mortificazione di cedere il ſuo luogo a i Violini: I Soprani, e i Contralti non canteranno tutte le Arie all'uſo de'Baſſi a diſpetto di mille ottave: E finalmente faranno ſentir le Arie, più guſtoſe, e meno ſimili: Più naturali, e più cantabili: Più ſtudiate, e meno penoſe: E tanto più nobili quanto più lontane dalla plebe. Ma già ſento dirmi, che la libertà Teatrale è vaſta, che la moda piace, e che la mia temerità creſce; Ed io non dovrò riſpondere, che l'abuſo è maggiore, che l'Invenzione è pernizioſa, e che la mia opinione è comune? Sarò io forſe tra Profeſſori quel ſolo che non ſappia, che l'ottima compoſizione fa cantar bene, e che la peſſima pregiudica? Non abbiamo più d'una volta ſentito, che la qualità della medeſima è ſtata capace di ſtabilire in poche Arie il concetto ad un Cantor mediocre, e diſtruggerlo a chi a forza dl merito ſe lo avea acquiſtato? La Muſica compoſta da chi ha intelligenza, e guſto iſtruiſce chi ſtudia, perfeziona chi ſa, e diletta chi ſente. Ma giacchè ſono entrato in ballo ſi danzi.   Chi

Chi primo guidò la Mufica in Ifcena probabilmente pensò di condurla ai trionfi, ed
innalzarla al Trono. E chi fi farebbe imma-
ginato mai, che nel breve corfo di pochi Luftri ella vi doveffe fervire di fpettacolo fune-
fto alla di lei propria Tragedia? Fabbriche
eccelfe de' Teatri : Chiunque vi rimira fenza
fremere non confidera, o non fa, che fiete
ftate errette dalle preziofe rovine dell'armonia ; Voi fiete l'origine degli abufi, e degli
errori : Da voi nafce il moderno ftile, e la
moltitudine de' Scrittori di Canzonette ;
Voi fiete la fola cagione, che pochiffimi fieno in oggi que' Profeffori di ben fondato intendimento a cui per giuftizia convenga il
degniffimo nome di Maeftri di Cappella,
poichè effendo ftato il povero Contrappunto
dal Secolo corrotto condannato a mendicare un pezzo di pane in Chiefa, allorchè tri-
pudia l'ignoranza di molti in Teatro, la
maggior parte de' Compofitori è ftata co-
ftretta, o dall'avidità dell'oro, o dalle
troppo dure leggi dell'indigenza ad abban-
donarne talmente lo ftudio, che fi prevede
(fe nol foccorre il Cielo per mezzo di chi lo
poffiede in Eccellenza, o di quefti pochi
che ne foftengono gloriofamente i cari Precetti) Che la Mufica dopo aver perduti i
nomi di Scienza, e di compagna della Filo-
foofia

fofia corre manifeſto pericolo d' eſſer riputa-
ta indegna d' entrare ne' Sacri Templi per levare lo ſcandalo a chi vi ſente le Gighe,
i Menuetti, e le Furlane; E in fatti, dove il guſto è depravato, chi potrebbe diſtinguere le Compoſizioni Eccleſiaſtiche
dalle Teatrali ſe ſi pagaſſe alla Porta?

Sò che con giuſti applauſi il Mondo ono-
ra cert' altri pochi Maeſtri intelligentiſſimi
sì nell' uno, che nell' altro ſtile a quali indi-
rizzo chi ſtudia per cantar bene; E ſe 'l loro
numero non foſſe coſì riſtretto, come ſi crede
e penſo, io ne chieggo perdono a chi non vi
reſtaſſe compreſo, ſperando facilmente d'ot-
tenerlo, perche l'errore involontario non of-
fende, e l' Uomo grande non conoſce altra
invidia, che quella che è virtù. Gl'ignoranti per lo più non ſoglion eſſere indulgenti,
anzi ſprezzando, e odiando tutto ciò, che
non comprendono ſaranno quegli appunto, che non mi daran quartiere.

Dimandai per mia diſgrazia ad uno di queſti da chi aveſſe imparato il Contrappunto:
Dallo Strumento, mi riſpoſe ſubito. Buono. Di che Tuono (ſoggiunſi, avete voi
compoſta l'introduzione della voſtr' Opera? Che Tuoni, che Tuoni (m'interruppe
bruſcamente) con che mi andate voi in-
tronando il capo con queſte muffe interro-
ga-

gazioni? Si fente bene da che fcuola veni-
te. La Moderna, fe nol fapefte, non conofce altri Tuoni, che quelli, che fucce-
don al lampo, e con ragion fi ride della
fciocca opinione di chi s'immagina, che fieno due, quanto di chi foftiene, che divifi
in Autentici, e Plagali fieno otto (e più fe
bifogna) lafcia prudentemente libera la
volontà ad ognuno di comporre come gli
pare, e piace. Il Mondo a tempi voftri
dormiva, nè vi difpiaccia fe lo fvegliò il
noftro bizzarriffimo metodo con quell'alle-
gria gradita al cuore, e che incita il piede
alla danza. Deftatevi ancor voi prima di
morire, e follevando la dura cervice dal
molefto pefo di tante idee ftravolte, fate
veder, che la vecchiezza non difapprova
ciò, che la gioventù produce; Altramente fentirete, che le voftre ifteffe parole ritornando in dietro vi diranno, Che l'ignoranza odia tutto quel che è ottimo. Le
belle Arti vanno fempre più raffinandofi, e
fe pretendeffero di farmi mentire, la Mufica mi diffenderà a fpada tratta, ella non
può andar più in fù. Svegliatevi dico, e
fe non fiete totalmente privo di giudizio
afcoltatemi impegnandomi di farvi confeffare, che candidamente vi parlo. Per prova di ciò fentite.

Che

Che il noſtro vaghiſſimo ſtile ſia ſtato inventato per naſcondere col bel nome di
MODERNO gl'inſegnamenti troppo dif-
ficultoſi del Contrappunto, non ſi può ne-
gare.

Che vi ſia irrevocabil legge fra noi di
eſiliar perpetuamente il Patetico, è veriſſi-
mo perchè non vogliam malinconie.

Ma che da ſatrapi vetuſti ſi abbia a dire,
che andiamo a gara a chi fà ſpropoſiti più
ſtravaganti, e mai più inteſi per vantarci poi
d'eſſerne gl'Inventori, queſta è una maligna e nera impoſtura di chi ci vede eſalta-
ti. Crepi l'invidia. A buon conto voi
vedete, che quella ſtima che con pieni ſuf-
fragj ci ſiamo acquiſtata decide; E ſe
un Muſico non è della noſtra Tribù non
trova Protettor che lo guardi non che lo
ſtimi; Ma giacchè parliamo in confidenza,
e colla ſincerità ſulla lingua, Chi può cantar bene, Chi può ben comporre ſenza la
noſtra approvazione? Ogni merito che aveſſe (voi lo ſapete) non ci mancano modi
per rovinarglielo, anzi poche ſillabe ci baſta-
no per diſtruggerglielo. GLI E' ANTICO.

Ditemi in corteſia; Chi mai ſenza di noi
avrebbe portata la Muſica al colmo della
felicità colla ſola facilità di levare all'Arie
la nojoſa emulazione de' primi, de' ſecondi
Vio-

Violini, e delle Violette? V'è forse chi
tanto osasse di usurparci la gloria? Noi,
noi siam quegli, che a forza d'ingegno l'abbiamo fatta salire al grado più sublime to-
gliendogli ancora lo strepitoso rumore de'
Bassi fondamentali in modo.... (udite, e
imparate) Che se in una Orchestra vi fossero cento Violinisti siamo capaci di comporre in maniera, che tutti suonino nell'istesso
tempo la medesima Aria, che canta la Parte.
Che ne dite? Ardirete di biasimarci?

Il nostro amabilissimo metodo, Che non
obbliga alcuno di noi allo studio penoso delle regole: Che non inquieta la mente cogli
affanni della Specolativa, nè ci delude con
quella vana cognizione, che pensa di ridur-
re in atto ciò, che specolando si può inve-
stigare: Che non pregiudica alla salute:
Che incanta le orecchie alla Moda: Che
trova chi lo ama, chi lo pregia, e chi lo
paga a peso d'oro; E voi oserete di criti-
carlo?

Che direm noi di quelle tetre, e stucche-
volissime composizioni di quegli Uomini
che andate celebrando per i primi dell'U-
niverso, ben che non abbiate voce in capitolo? Non v'accorgete, che l'anticaglia
di que' Lazzeroni fà venir l'accidia? Sa-
remmo ben pazzi a impallidire, e diventar
pa-

paralitici fulle Cartelle per cercar l'Armonia, le Fughe, il loro Rovefcio, il Contrappunto doppio, la Multiplicazione de' Suggetti, Strignergli, far Canoni, e divers'altre feccaggini, che non fono più alla Moda (e quel che peggio è) fono di poca lode, e di minor guadagno. Che ne dite adeffo Sig. Critico, avete voi intefo? Signor sì. E bene cofa mi rifpondete voi? Nulla :

Mi ftupifco ben sì, o Cantori amatiffimi, del profondo letargo in cui fiete con tanto voftro fvantaggio. Voi dovrefte fvegliarvi, che è ormai tempo, e dire a Compofitori di quefta fatta, Che volete cantare, e non ballare.

DEL-

DELLE

CADENZE.

LE Cadenze terminate dell'Arie fono di due forte. Una da Contrappuntifti chiamafi Superiore, o di fopra, e l'altra Inferiore, o di fotto . Per farmi più facilmente capire da chi ftudia dirò , Che fe una Cadenza foſſe (per efempio) in C ſol fa ut per B quadro le note della prima farebbono La Sol Fa, e quelle della feconda Fa Mi Fa . Nell'Arie a voce fola, o ne' Recitativi un Cantante può fcegliere quella Cadenza, che più gli piace, ma fe foffero accompagnate da voci, o da Strumenti non può cangiar la Superiore coll' Inferiore, nè quefta con quella.

Sarebbe fuperfluo , ch' io parlaſſi delle Cadenze Tronche, perchè fono diventate comuni a chi non è Profeffore, e non fervono, per lo più, che ne' Recitativi .

Le Cadenze poi di quinta in giù non componevanfi dallo ftile antico per un Soprano cantando Arie a folo, o co' Strumenti fe l'imitazione di qualche parola non aveſſe obbligato il Compofitore . Quefte per non aver altro merito che d' eſſer le più fa-
cili

cili di tutte, e per chi fcrive, e per chi canta fono in oggi le dominanti.

Nel capitolo dell' Arie ho efortato chi
ftudia a sfuggir il Torrente de' Paffaggi alla
Moda, e mi fono anche impegnato di dire
il mio debole fentimento fopra le Cadenze
correnti, ed eccomi pronto colla folita
protefta però di efporlo con tutte le mie
opinioni al Tribunale inappellabile dell'In-
tellïgenza, e del Gufto, affinchè come Sovrani Giudici della Profeffione, o condan-
nino gli abufi delle moderne Cadenze, o
gl'inganni della mia mente.

Ogni Aria (per lo meno) ha tre Cadenze, che fono tutte e tre finali. Lo ftudio de'
Cantori d'oggidì (generalmente parlando)
confifte nel terminar la Cadenza della prima
parte con un profluvio di Paffaggi ad libi-
tum, e che l'Orcheftra afpetti. In quella
della feconda fi multiplica la dofe alle fauci, e l'Orcheftra s'annoja; Nel replicar
poi l'ultima dell'Intercalare fi da fuoco alla
girandola di Caftel S. Angelo, e l'Orcheftra tarocca. Ma perche mai affordare il
Mondo con tanti Paffaggi? Io priego i Signori Moderni di perdonarmi la troppo ar-
dita libertà di dire in favor della Profeffione, Che il buon gufto non rifiede nella velocità continua d'una voce errante fenza gui-

F   da,

da, e senza fondamento, ma nel cantabile, nella dolcezza del Portamento, nelle Appoggiature, nell'Arte, e nell' Intelligenza de Paffi, andando da una nota all' altra con singolari, e inaspettati inganni con rubamento di Tempo, e * sul MOTO de' Baffi*, che sono le qualità principali indispensabilmente effenzialiffime per cantar bene, e che l'umano ingegno non può trovar nelle loro capricciofe Cadenze. Soggiugnerò, che antichiffimamente lo ftile de' Vocalifti (fecondo la relazione di chi m' infegnò di folfeggiare) era infopportabile per motivo d' una quantità di Paffaggi nelle Cadenze che non finivano mai, come adeffo, e che sempre erano gl' ifteffi, quali appunto fon' i prefenti; Diventarono alla fin fine così odiofi, che furono, come perturbatori dell'udito prima efiliati, che corretti; Così anche fuccederà a quefti al primo efempio d' un Cantore accreditato, che non fi lafci più fedurre dalle vane lodi popolari. Di quella correzione i Succeffori di gran sfera fe ne fecero una legge, che forfe non farebbe diftrutta fe foffero in iftato di farfi fentire, ma l' opulenza, le fluffioni, l' età, e la morte han privato chi vive di ciò, che nel Canto v' era di più mirabile; Ora i Cantori fi ridono a bocca aperta fi della riforma, che
de'

de' Riformatori de' Paffaggi nelle Cadenze, anzi coll' averli richiamati dal bando, e fatti comparir sù le Scene con qualche caricatura di più, acciocchè paffino nell' opinione de' gonzi per invenzioni pellegrine, guadagnano fomme immenfe d' oro, poco, o nulla premendo loro fe fieno ftati abborriti, e deteftati per dieci, o dodici Luftri, o da cento Secoli. E chi può biafimarli? Ne l' invidia, nè la pazzia oferebbon di farlo. Però fe la Ragione, che non è invida, nè folle li chiamaffe alle fegrete confidenze del cuore, e all' orecchio lor diceffe: Con qual ingiufto pretefto potete voi ufurparvi il nome di Moderni fe cantate all' antichiffima? Credete forfe, che il fluffo della voftra gorga fia quello che vi produca richezze, e lodi? Difingannatevi, e ringraziate l'abbondanza de' Teatri, la penuria d'ottimi Soggetti, e la ftupidità di chi v' afcolta. Cofa rifponderebbono? Nol sò. Veniamo ancora a conti più ftretti.

Signori Moderni, potete voi dir di non burlarvi frà voi altri, allorchè nelle Cadenze ricorrete alla lunga filza de' voftri Paffaggi per mendicare applaufi dalla cieca ignoranza? Voi chiamate quel ricorfo col nome di *Limofina* chiedendo come per carità quegli eviva, che conofcete di non meritar per

giuftizia, e in ricompenfa mettete in derifio-
ne i voftri Fautori, quando non hanno mani, piedi, nè voci, che baftino per lodar-
vi? Dov'è la buona legge, dov'è la gratitudine? E fe mai fe n' accorgeffero? Dile-
iffimi Cantori, gli abufi delle voftre Cadenze fe vi fono utili, fono altrettanto perni-
ziofi alla Profeffione, e fono i maggiori che
commettiate, perchè fon fatti a fangue fred-
do fapendo d'errare. A voftro vantaggio
difingannatene il Mondo, ed impiegate in
cofe degne di voi quel beliffimo tallento, che
Dio vi diede. Con più coraggio intanto ritorno alle mie opinioni.

Bramerei volontieri di fapere con qual
fondamento nelle Cadenze fuperiori certi
Moderni di grido, e di nome famofiffimi
facciano fempre il Trillo fulla terza alta
della nota finale, poichè il Trillo (che in
quel cafo deve rifolvere) non può a cagione
della medefima terza, che effendo fefta del
Baffo glielo impedifce, e le Cadenze reftano fenza rifoluzione. Quando anche cre-
deffero, che i migliori infegnamenti dipen-
deffero dalla Moda, parmi con tutto ciò,
che doveffero qualche volta chiedere all'
udito s'egli è foddisfatto d'un Trillo battuto dalla fettima, e fefta d'un Baffo che
faccia Cadenza, e fon ficuro che direbbe
di

di nò . Dalle regole degli Antichi s'impara, che il Trillo va preparato nelle ftefſe Cadenze fulla fefta del Baffo , affinchè dopo ſi faccia fentire fulla quinta, perchè quello è il fuo luogo .

Diverfi altri di quella sfera fanno le fuddette Cadenze all' ufo de Baſſi , cioè di quinta in giù con un Paffaggio di note veloci cadendo di grado col fuppofto di cantar bene , o di coprir l'ottave, però, benchè mafcherate ſi fan conofcere , e ne reftano delufi .

In qualfivoglia Cadenza tengo ancora per infallibile, che i Profeſſori primarj non poſſano formare ne' Trilli, nè Paſſaggi fulle penultime fillabe di quefti Vocaboli v. g. Confonderò , Amerò &c. poichè fono ornamenti , che non convengono sù quelle fillabe che fon brevi, ma bensì sù le loro antecedenti .

Moltiſſimi poi di feconda sfera terminano le Cadenze inferiori alla francefe fenza trillo, o per non faperlo fare, o per la facilità di copiarle , o per cercar qualche cofa, che foftenga in apparenza il nome di Moderni , e sbagliano in foftanza , imperocchè i Francefi non ſi privano del trillo nelle Cadenze di fotto che nell' Arie patetiche, e i noftri Italiani foliti a caricar le Mode lo

efclu-

86

efcludono in tutte , benchè nelle allegre ci
vada per obbligo . Sò , che un buon Cantante può con ragione aftenerfi di farlo
nelle cantabili ancora , però di rado, che
fe una di quelle Cadenze è tollerabile fenza quel vago ornamento è affolutamente
impoffibile di non tediarfi in fine a tante ,
e tante, che muojono di morte improvvifa.

Sento , che tutti i Moderni (o amici , o
inimici del trillo, che fieno) vanno alle fuddette Cadenze inferiori con una Appoggiatura alla nota finale sù la penultima fillaba del vocabolo , e quefto ancora mi fembra difetto , parendomi, che in quella oc-
cafione l' Appoggiatura non fia guftofa , che
full' ultima fillaba all'ufo antico , o di chi
fa cantare.

Se nelle fteffe Cadenze di fotto i migliori
Vocalifti d'oggidì credono di non errare ,
allorchè fanno fentire la nota finale prima
del Baffo , s'ingannano all'ingroffo , perchè
gli è error maffimo, che ferifce l'orecchio,
e i precetti , e che diventa doppio andando,
(come fanno) alla medefima nota coll'Appoggiatura, la quale, o che afcenda, o di-
fcenda fe non cade dopo del Baffo è fempre
peffima.

E non farà forfe peggior d'ogni difetto il
tormentare gli afcoltanti con mille Cadenze

ze tutte fatte a un modo? Da che procede quefta fecca fterilità, fe ad ogni Profeffore è noto, che per farfi ftimar cantando il mezzo più efficace è la fertilità de' ripieghi?

Se frà tutte le Cadenze dell'Arie l'ultima concede qualche moderato arbitrio a chi canta, acciò fi conofca il fine delle medefime l'abufo è foffribile, ma fi cangia in abbominevole, quando un Cantore fi mette di piè fermo co' fuoi nojofi gargarifmi a naufear gl' intelligenti, che tanto più penano, quanto più fanno, che i Compofitori lafciano ordinariamente in ogni Cadenza finale qualche nota, che bafta ad un ornamento difcreto, fenza cercarlo fuor di Tempo, fenza gufto, fenz'arte, e fenza intendimento.

Stupor maggiore m'occupa affai più la mente fe rifletto, che lo ftile moderno dopo di aver efpofte tutte le Cadenze dell'Arie Teatrali al martirio d'un moto perpetuo, abbia anche la crudeltà di condennare nella fteffa pena non folamente quelle delle Cantate, ma di non perdonarla nè meno alle Cadenze de' loro Recitativi. Pretendono forfe i Vocalifti col non diftinguere la Camera dalle fmoderate gorghe della Scena d'efigere gli eviva plebei ne' Gabinetti Reali? Povere note! Voi non fiete più figure di

Mu-

Mufica, che fe lo fofte, non fenza ingiuftizia fareſte alienate dalla Sovranità delle Leggi.

Un'ottimo Scolaro ne fugga l'efempio, e coll'efempio gli abufi, i difetti, e tutto ciò, che è dozzinale, e comune sì nelle Cadenze, che altrove.

Se l'inventar Cadenze particolari fenza offefa del Tempo è ſtata una delle degne occupazioni de' chiamati Antichi, chiunque ſtudia la rimetta in ufo, proccurando d'imitarli nell'intelligenza di faper rubare un pò di Tempo anticipato, e di ricordarſi, che i Conofcitori dell'artificio non afpettano di ammirarne la bellezza nel filenzio de' Baſſi.

Molti, e molt'altri errori odonſi nelle Cadenze i quali erano antichi, e fon diventati moderni; Furono ridicoli, e le fono; Onde confiderando, che chi muta ſtile non lo migliora, poffo probabilmente conchiudere, Che il cattivo ſi corregge dallo ſtudio, e non dalla Moda.

Or lafciamo di grazia in pace per qualche momento le opinioni de' chiamati Antichi, e de' creduti Moderni per offervare qual profitto abbia fatto lo Scolaro, giacchè defidera di farſi fentire. Si afcolti dunque fenza abbandonarlo d'Iſtruzioni più forti, affinchè giunga almeno a meritare il nome di buon Cantante, quando non poffa ottenerne un maggiore. **O**

OSSERVAZIONI

Per chi canta.

ECco il Cantore in pubblico mediante gli effetti di quello studio a cui si applicò nelle già scorse lezioni. Ma a che serve il farvisi vedere! Nel gran Teatro del Mondo, Chi non rappresenta un degno Personaggio non fà altra figura, che di vile comparsa.

Dalla fredda indifferenza, che in moltissimi Vocalisti scorgesi per la Professione si conghiettura, che aspettino la Musica supplice in atto implorando la grazia d'esser benignamente accettata dalla loro generosa bontà come umilissima, & obligatissima serva.

Se tanti, e tanti non fossero persuasi d'aver abbastanza studiato non sarebbe così rado il numero degli ottimi, nè così folto quello degl'infimi. Questi per dir a mente quattro Kirie pensano d'esser arrivati al Non plus ultra; Se poi lor presentate una Cantata facile, e ben copiata, allora in vece di soddisfare al debito coll'impegno, vi diranno con impudente disinvol-
tu-

tura , *Che gli Uomini grandi non fono obbli-*
gati di cantar volgare all' improvvifo . E chi
non riderebbe ! Quel Mufico che fa , che
le parole , o latine , o italiane che fieno ,
non fanno cangiar forma alle note s' immagina fubito , che il pronto ripiego di quell'
Uomo grande nafca dal non cantar franco , o dal non faper leggere , e l' indovina .

Infiniti fono quegli altri , che fofpirano il
momento d' ufcire dalle penofe fatiche
de' primi ftudj per aver la forte d' entrare nellla turba de' Mediocri ; Quando
poi giungono con quel poco che fanno ad
urtare per Divina Provi denza in chi li pa-
fca , fanno immediatamente una belliffima
riverenza alla Mufica , nulla curandofi , che
il Mondo fappia fe fieno , o non fieno frà vi-
venti . Quefti non credono , che la Medio-
crità in un Cantante fignifichi ignoranza .

Ve ne fono anche diverfi , i quali non
iftudian altro , che i difetti , e fono dotati
d' una maravigliofa facilità d' impararli tutti , e d' una memoria profonda per non di-
menticarfene mai . Il loro genio è così in-
clinato al cattivo , che fe dalla natura hanno per forte un' ottima voce , fono incon-
folabili fe non trovano l' arte di farla diventar peffima .

Chi nutre però fentimenti migliori cer-
che-

cherà una più nobile, e più riftretta compagnia. Conofcerà il bifogno, che hà d'
altri lumi, d'altri documenti, e d'altro
Maeftro ancora. Da quefto vorrà apprendere coll'arte di ben cantare quella di faper vivere, che tutta confifte nelle belle
convenienze della vita civile. Unita, che
quefta fia al merito, che fi farà nel Canto,
allora ei potrà fperare la grazia de' Monar-
chi, e la ftima univerfale.

Se afpira al concetto di giovane di fpirito, e di giudizio non fia vile, nè temerario.

Fugga le perfone abbiette, o fcreditate, e
foprattutto ftia lontano da quelle, che fi ab-
bandonano a fcandalofe licenze.

Non è da praticarfi quel Profeffore ancorchè infigne, fe ha maniere plebee, e difap-
provate, a cui non prema, purchè faccia
la fua fortuna, fe fia a cofto del fuo decoro.

Ottima fcuola è la Nobiltà da cui tanto
s'impara, quanto è gentile; Ma ficcome
non v'è regola fenza eccezione, dove il
Mufico non trova il fuo luogo fe ne difco-
fti fenza dolerfene, perchè baftantemente
parlerà per lui il fuo ritiro.

Se non foffe ricompenfato da Grandi non
fe ne lagni mai, poichè fi guadagna poco,
fi può perder molto, e non è raro il cafo.
Il miglior partito è quello di più attentamente

mente fervirli per aver almeno il piacere ,
o di vederli una volta grati , o di farli fempre più ingrati .

I miei lunghi , e raddoppiati viaggi mi
hanno dato campo di fermarmi poco men ,
che in tutte le Corti d'Europa , e gli efempli più che le mie parole dovrebbono per-
fuadere ogni buon Cantante di vederle sì ,
ma fenza impegnare la libertà all' inganno .
Le catene benchè d'oro non lafciano d'effer
catene , e non fon tutte di quel preziofo me-
tallo ; Oltre di che il pane che vi fi tira co'
denti (quando non è di farina de' Padroni ,
e non fi regala bene i loro Fornaj) ve lo im-
paftano d' un certo loglio , che lo fà parer
bianco di fuorì , ma dentro è cosi nero ,
che fe non fi converte in veleno produce
effetti di tanto pregiudicio , Che incanta
chi lo compra , accieca chi lo vende , chi
lo mangia non iftudia più , inganna chi lo
crede perpetuo , è poco cotto per la falu-
te del corpo , e troppo crudo per quella
dell' anima .

Il Secolo della Mufica farebbe già finito
fe i Cigni non faceffero il loro nido sù qualche Teatro d' Italia , o sù le fponde Reali
del gran Tamigi . O cara Londra ! Sù gli altri fiumi non cantano più come foleano con
foave dolcezza la propria morte , ma pian-
gon

gon ben sì amaramente quella d' AUGU-
STI , & adorabili PRINCIPI , da' quali
erano teneramente amati , e ſtimati . In
oggi *Alia res Sceptrum* , '*alia Plectrum* . Queſto è il ſolito corſo dell' umane vicende , e
per divino Decreto giornalmente ſi vede ,
Che tutto ciò che quaggiù è in moto , giunto che ſia al ſommo biſogna che per ne-
ceſſità declini . Laſciamo le lagrime al cuore , e ſi parli di chi canta .

Queſto s' egli è prudente non dovrà laſciar
uſcire dalla ſua bocca ſenza motivo di ragione quelle affettatiſſime parole , che diſguſtano , e ſono tanto in uſo , cioè *Oggi non
poſſo cantare* , *ſon raffreddato morto* , e nel
dir *V. S. mi ſcuſi* , ſi toſſe un poco . Potrei
atteſtare , che nel lungo corſo della mia vita non ho potuto ſentir mai da Vocaliſti
queſta benedetta verità *Oggi ſtò bene* , quantunque la ſincerità gli obbligaſſe di pubbli-
carla ; Riſervano quella intempeſtiva con-
feſſione pel giorno ſeguente , in cui non
hanno poi alcuna difficoltà di dire *Non ſono
ſtato a miei dì così bene in voce come jeri* ; E'
però vero , che in certe congiunture non
ſolo è compatibile , ma neceſſario il prete.
ſto , perchè a dirſela , l' indiſcreta economia
di taluno che vuol ſentire la Muſica ſe gli
coſtaſse anche un vi ringrazio , arriva tant'
oltre

oltre, che crede obbligati i Profeffori di
fervir fubito gratis, e che il rifiuto fia un'
ingiuriofa offefa, che meriti odio, e ven-
detta. Ma fe è legge Umana, e Divina, che
ognuno viva delle fue onorate fatiche, qual
barbaro Iftituto condanna i Mufici a fervir
fenza mercede? O maledetta prepotenza!
O fordida avarizia!

Un Cantante pratico del Mondo diftingue
i comandi, e le maniere di comandare ancora; Sa ricufare obbligando, e farfi gloria
d'ubbidire, non ignorando, che il più fino
intereffato cerca talora di fervir fenza intereffe.

Chi canta per defiderio di farfi onore già
canta bene, e canterà meglio col tempo; E
chi non penfa, che al guadagno impara la
miglior lezione per effere un povero ignorante.

Chi crederebbe mai (fe la fperienza nol
faceffe vedere) che la più bella virtù pre-
giudicaffe un Cantore? E pur dove trionfa
l'ambizione, o la fuperbia (innoridifco a dirlo) l'adorabile umiltà tanto più avvilifce
quanto è più grande.

Parmi a prima vifta, che la fuperbia con
audace poffeffo ufurpi il luogo all'intelligenza, però fe metto gli occhiali ci vedo l'ignoranza in mafchera.

La

La fuperbia altro non è, che un' artificio del corpo, gonfio dalla politica per nafcondere la debolezza dell' ingegno : Eccone l' efempio : Certi Cantanti non farebbono imperturbabili nella difgrazia di non poter dire all' improvvifo quattro note, fe colla loro intumidita malizia non fapeffero dar ad intendere al pubblico a forza di ftrette di fpalle, d' occhiate torbide, e di maligne voltate di tefta, che quegli errori maflicci, ch' effi commettono fono dell' Organifta, o dell' Orcheftra.

Per umiliar la fuperbia bafta levargli il fumo dell'incenfo.

Chi canterebbe meglio d' un fuperbo fe non fi vergognaffe di ftudiare?

Chi s' infuperbifce a i primi applaufi fenza riflettere fe vengono dalla forte, o dalla adulazione è pazzo; E fe crede di meritarli ha finito.

Chi non regola la fua voce a mifura del fito dove canta deve correggerfi, effendo grandiffima balordagine di chi non diftingue un vafto Teatro da un Gabinetto angufto.

E' da biafimarfi affai più chi cantando a due, a tre, e a quattro copre la voce de' Compagni, poichè fe non è ignoranza è qualche cofa peggiore.

Tutte le compofizioni a più voci devono can-

cantarfi come ftanno, nè voglion altr' arte, che femplice, e nobile. Mi fovviene, o mi fognai d'aver fentito un famofo Duetto meffo in pezzi minuti da due Profeffori di grido, impegnati dalla emulazione a proporre, e vicendevolmente a rifponderfi, che in fine terminò in una gara a chi faceva più fpropofiti.

La correzione degli amici accreditati infegna molto; Maggior profitto però fi ricava dalla rabbiofa critica de' Malevoli, che quanto più è intenta a fcoprire i difetti altrui, tanto più grande è il benefizio fenz' obbligo.

Chiunque canta tenga per indubitato, che gli errori corretti dagl' inimici fono così ben purgati, che non lafciano fegno alcuno, e tofto fi dileguano dalla vifta, e dalla memoria; Ma gli emendati da fe, o fi fanno incurabili, o reftano cicatrici perpetue, che minacciano ad ogni momento di riaprirfi.

Chi canta con applaufo in un luogo folo non formi gran concetto del fuo fapere; Cangi più volte Clima, e allora con difcernimento migliore conofcerà fin dove arriva il fuo talento.

Per piacere univerfalmente la ragion dice che fi deve cantar fempre bene; e s' ella tace,

tace, l'utile con forti efpreffioni efortterà d'unirfi al gufto (purche non fia depravato) di quella Nazione che afcolta, e fpende.

Se chi canta bene provoca l'invidia, fe canta meglio la confonde.

Non fo fe un perfetto Vocalifta poffa anch' effere perfetto Attore , poiche la mente divifa in un' ifteffo tempo da due operazioni differenti probabilmente inclina più all'una, che all altra ; Effendo però affai più difficile di cantar bene che di ben recitare, il merito del primo prevale al fe- condo. Che bella felicità farebbe di chi egualmente le poffedeffe in perfetto grado!

Se diffi che un Cantante non deve più co- piare, ora lo replico colla ragione appref- fo : Il copiare è da Scolaro, e l'inventar è da Maeftro.

Chi canta fovvengafi, che l'oziofa pigri- zia è quella che copia, e non fi copia male, che dall' ignoranza.

Prima, che l' intelligenza collo ftudio faccia un bravo Cantore, l' ignoranza con una copia fola ne fa mille cattivi ; Però frà quefti non v' è chi la riconofca per Precet- trice.

Se tante e tante Cantatrici (trà le quali rifpetto chi devo) fi accorgeffero, che per copiarne una buona fono diventate peffime,

G   non

non fi farebbono ridicolofiffimamente burlar fu Teatri colle loro affettazioni prefu-
mendo di cantar le Arie della medefima cogli ftefsi pafsi . Il loro inganno è così grande (quando non foffe de' loro Maeftri) che
fi lafcian più tofto guidare dall' iftinto delle pecore, e delle grue, che dalla ragione, poichè quefta fà vedere , che per ftra-
de diverfe fi cammina agli applaufi, e cogli
efempli paffati, e prefenti fà anche in oggi
fentire , che due Donne non farebbono
egualmente fublimi fe una copiaffe l' altra .

Se la convenienza, che fi deve al bel Seffo
non gli perdona l'abufo di copiare allorchè
pregiudica alla Profeffione, cofa dovrà dirfi
mai della debolezza di que' Vocalifti , che
in vece d' inventare copiano non folo le
Arie intere degli Uomini , ma anche
quelle delle Femmine ? O gran cecità
che toglie il lume al buon fenfo ! Suppofto
un' impoffibile, cioè, che un Cantante ar-
rivaffe a copiare in maniera , che non fi
conofceffe l'originale, crederebb' egli forfe
di poter attribuirfi un merito che non è
fuo, e di ftar fulle gale cogli abiti altrui
fenza temer di reftare ignudo ?

Chi fa copiare nella Mufica non piglia
altro che il Difegno, perchè quell' ornamento che fi confidera con ammirazione

fin-

finchè gli è naturale, perde immediatamente la fua bellezza fe gli è artificiale.

L'artificio più degno d'un Profeffore deve imitarfi, e non copiarfi; A condizione ancora che non fomigli nè men per ombra all'originale, altramente in vece d'una bella imitazione diventa una copiaccia.

Non fo decidere fe fia più da fprezzarfi chi non può imitar fenza caricature chi canta bene, o chi non imita bene fe non chi canta male.

Se molti Cantori fapeffero, che la cattiva imitazione è un mal contaggiofo, che non fi attacca a chi ftudia, il Mondo non farebbe ridotto all infelicità di non poter vedere in un Carnovale altro che un Teatro provvifto d'ottimi Soggetti fenza fperanza di vicino rimedio. Suo danno; Impari di lodare il merito, e di non confettar il biafimo, per fervirmi d'un vocabolo modefto.

Chi non fa rubare il Tempo cantando, non fa comporre, nè accompagnarfi, e refta privo del miglior gufto, e della maggiore intelligenza.

Il rubamento di Tempo nel patetico è un gloriofo latrocinio di chi canta meglio degli altri, purcnè l'intendimento, e l'ingegno ne facciano una bella reftituzione.

Efercizio non men neceffario di quello è

G 2   lo

lo ſtudio mellifluo del Portamento di voce ſenza di cui ogni applicazione è vana . Chi ne pretende l'acquiſto oda i precetti del cuore più che quelli dell'arte .

O gran Maeſtro è il Cuore ! Ditelo voi Cantori amatiſſimi, e dite per obbligo di gratitudine, Che non fareſte i primarj della Profeſſione ſe non foſte ſuoi Scolari : Dite, Che in poche lezioni ei v'inſegnò l'eſpreſ‑ ſiva più bella, il guſto più fino, l'azione più nobile, e l'artificio più ingegnoſo : Dite (benchè non ſia credibile) Che corregge i difetti della natura, poichè raddolciſce la voce aſpra, migliora la mediocre, e per‑ feziona la buona : Dite, che quando can‑ ta il cuore voi non potete mentire, nè la verità ha maggior forza di perſuadere : E pubblicate in fine (giacchè non poſſo dirlo io) Che da lui ſolo imparaſte quel non sò che d'ignoto ſoave che ſottilmente paſſa di vena in vena, e trova l'anima .

Ancorchè la ſtrada del cuore ſia lunga, ſcabroſa, e cognita a pochi, nondimeno le ſue difficultoſe oppoſizioni non ſono inſu‑ perabili da chi non ſi ſtanca di ſtudiare .

Il primo Vocaliſta del Mondo ſtudia ſem‑ pre, e tanto ſtudia per mantenerſi il con‑ cetto quanto facea per acquiſtarſelo .

Per arrivare a quel glorioſo fine ognun ſa
che

che non v'è altro mezzo che lo studio, ma non basta; Bisogna anche saper come, e da chi si deve studiare.

Ci sono in oggi tanti Maestri quanti sono i Professori di tutta la Musica in generale; Ciascheduno insegna, non già i primi Elementi (Dio guardi) questi feriscono nella parte più sensitiva l'ambizione; Parlo adesso di chi presume di far il Legislatore nell'arte più finita del Canto; E ci maraviglieremo se 'l buon gusto si perde, e se la Professione va in precipizio? Si dannosa temerità regna egualmente in chi aprendo la bocca pensa di cantare come ne' Sonatori più infimi, i quali benchè non abbiano saputo, nè cantato mai pretendono di perfezionare, non che d'istruire, e trovano de' goffi che se ne lusingano. Gli Strumentisti poi di credito s' immaginano, che i bellissimi Passi delle loro dita facciano per la voce il medesimo effetto, e non son più quelli. Io farei forse il primo a condennare il troppo ardire di questa sindicatrice libertà se fosse diretta ad offendere que' Cantanti, e Sonatori degnissimi, che sanno cantare, e insegnare; Ma la lascio correre, perchè la sua intenzione se n'va dirittamente a correggere la petulanza di chi non è capace con quelle poche parole *Age quod agis*, che dicono a chi non

G 3

in-

intende il latino ; Tu ſtudia di ſolfeggiare ,
è tu di ſonare il tuo Strumento .

Se talvolta ſuccede , che un cattivo Iſtruttore faccia un' ottimo Allievo , allora gli è
incontraſtabile , che il dono naturale di chi
ſtudia ſia maggiore della inſufficienza di chi
inſegna , e non è da ſtupirſene , perchè ſe
di tempo in tempo non ſi ſuperaſſero anche
i migliori Maeſtri , le Arti più belle ſareb-
bono già ſepolte .

A molti parrà , che ogni perfetto Vocaliſta debba eſſere perfetto Inſegnatore ancora , e non è così , imperciocchè quel ſuo intendimento (quantunque grande) è inſuffi-
ſtente ſe non è accompagnato da una facile
comunicativa , da un metodo addoſſato al-
l' abilità di chi cerca d' imparare , da qualche cognizione di Contrappunto , dall' iſtruire in modo che non ſi conoſca la lezione , e
dall' ingegnoſo talento di ſcoprir il forte ,
e di coprir il debole di chi canta , che ſono
i principali , e i più neceſſarj inſegnamenti .

Un Maeſtro che le ſuddette qualità poſſegga può inſegnare . Con eſſe invita il de-
ſiderio allo ſtudio : Colle ragioni corregge
gli errori : E cogli eſempli incita il guſto ad
imitarlo .

Ei ſa , che tanto diſpiace la ſterilità degli
ornamenti quanto l'abbondanza , non igno-
ran-

rando, che un Cantore fà languir col poco, ed annoja col troppo; Anzi di quefti due difetti odierà più il primo, benchè offenda meno, effendo più facile il fecondo ad emendarfi.

Non avrà ftima alcuna di chi non ha migliore artificio, che i Paffaggi di grado, e dirà, che abbellimenti di quella fatta, che con giufta comparazione chiamanfi *Razzi* fono per i Principianti.

Lo fteffo farà di chi penfa di far ifvenire gli afcoltanti con nna languidezza, paffando di fua invenzione dalla terza maggiore del Baffo alla minore.

Dirà, che quel Cantante è fiacco, quando infegna in Teatro di fera in fera tutte le fue Arie all'Udienza, che per fentirle fempre fenza la minima variazione non ha difficoltà d'impararle a mente.

Lo fpaventerà l'ardito coraggio di chi troppo s'ingolfa con poca pratica, e meno ftudio di Nautica muficale, poiché all'ofcurarfi dell'aria perde la tramontana, e lontano dal Porto chiede ajuto per falvarfi, correndo grandiffimo pericolo di naufragare fe non è foccorfo.

Non loderà chi prefume di cantar due terzi d'Opera da fe con ferma promeffa di non iftufar mai, come fe gli foffe con-

ceffo

ceffo quaggiù il privilegio divino di piacer fempre. Quello non fa i primi principj della canora politica, ma glie l' infegnerà il tempo. Chi canta poco, e bene, canta beniffimo.

Si riderà di chi s' immagina di foddisfare il pubblico colla magnificenza dell' abito, fenza riflettere, che la pompa ingrandifce egualmente il merito, e l' ignoranza. I Vocalifti, che non han altro, che la facciata pagano agli occhi quel debito, che contraffero coll' orecchie.

Non fentirà fenza naufea l' inventato ftile emetico di chi canta a onda di Mare provocando le note innocenti con villane fpinte di voce; Difetto difguftofo, e incivile, però effendo venuto anch' effo di là da Monti paffa per rarità moderna.

Si ftupirà del Secolo incantato in cui molti, e molte fi fanno pagar bene per cantar male. Se la Moda aveffe buona memoria non avrebbe forfe piacer di ricordarfi, che vent' anni fono chi cantava mediocremente rapprefentava fu' Teatri di fecondo rango un mifero Perfonaggio, e in oggi gl' imboccati come i Papagalli teforizzano fu i primi.

Biafimerà affai più l' ignoranza negli Uomini per l' obbligo, che hanno di ftudiar più delle Donne.

Non

Non foffrirà chi a diftruzione del Tempo cerca d'imitarle per acquiftarfi il nome di Moderno.

Si maraviglierà di quel Cantore, che avendo una profonda intelligenza del Tempo non fa poi fervirfene per non efferfi applicato mai allo ftudio di comporre, nè d' accompagnarfi. L'inganno gli fa credere, che per effere Uomo grande il cantar franco bafti, e non fi avvede, che la maggior difficultà, e tutta la bellezza della Profeffione confifte in ciò, che ignora; Gli manca quell'arte, che infegna di guadagnare il Tempo per faperlo perdere, che è un frutto del Contrappunto, ma non cosi faporito come quello di faperlo perdere per ricuperarlo: Produzione ingegnofa di chi intende la compofizione, e di chi ha miglior gufto.

Gli difpiacerà l'imprudenza di chi fa tradurre in latino le parole dell'Arie più lubriche del Teatro per cantare l'ifteffa Mufica con applaufo in Chiefa, come fe tra l'uno, e l'altro ftile non vi foffe differenza alcuna, e conveniffero a Dio gli avanzi delle Scene.

Cofa non dirà egli di chi ha trovato l'artificio prodigiofo di cantar come i grilli? Chi fi farebbe mai fognato prima della Moda, che dieci, o dodici crome in fila fi po-

tef-

teffero tritolare a una a una con un certo tremor di voce , che paffa da poco tempo in quà fotto nome di Mordente frefco ?

Più forte impulfo però lo sforzerà a deteftar l' invenzione di rider cantando , o di cantar come le galline quando han fatto l'uovo . Vi faranno altri animalucci degni d' effere imitati per metter fempre più in ridicolo la Profeffione ?

Difapproverà il maliziofo ripiego d' un accreditato Vocalifta , allorchè in Teatro parla , o ride co' fuoi Compagni per far credere al pubblico , che non è degno della fua attenzione uno , o una , che comincia a produrfi , e che fta cantando la fua prima Aria di cui però ne teme , o ne invidia gli applaufi .

Non potrà tollerare la vanità di quel Cantante , che pieno di fe fteffo per quel poco , che imparò s' afcolta con tanto diletto , come fe andaffe in eftafi . Idolatra di fe medefimo , e tiranno d' intenzione con tutto il Genere Umano pretende d' impor filenzio , e maraviglia , e che la fua prima nota dica all' Udienza *Afcolta , e muori* ; Quefta , che vuol vivere fenza curarfi di fentirlo parla forte , e forfe poco ben di lui . Crefce intanto alla fecond' Aria il tumulto , che finalmente diventando maggiore alla terza ei fe lo figura un torto manifeſto, e in vece di gaſtigare la ſua mal concepita oſtentazione collo ſtudio maledice il guſto depravato di quella. Nazione, che non lo ſtima, e minacciandola di non tornarvi mai più, l' orgoglioſo ſe ne conſola.

Si burlerà di chi non vuol recitare ſe non ſceglie il libretto, e il Compoſitore a ſuo piacere, colla condizione ancora di non cantar mai in compagnia del tale, nè ſenza la quale.

Con ſimile deriſione oſſerverà cert' altri, che con una umiltà peggior della ſuperbia vanno di palchetto in palchetto raccogliendo le lodi più illuſtri ſotto preteſto di profondo oſſequio, e la ſera ſeguente diventano più famigliari, che l' Epiſtole di Cicerone. L' umiltà, e la modeſtia ſono le più belle virtù dell' animo, ma però ſe non ſono accompagnate da un pò di decoro ſi aſſomigliano all' ipocriſia.

Non formerà gran concetto di chi non ſi contenta della Parte, e non l' impara mai: Di chi non canta ſenza inchiudere in ogni Opera un' Aria, che porta ſempre in taſca: Di chi regala il Maeſtro per aver un' Aria compoſta per un' altro: Di chi ſtudia una quantità di coſe inutili, e traſcura le più importanti: Di chi a forza di raccomandazio-

G 6 ni

ni ingiufte fi fa burlar col Prorettore: Di
chi non diftende la voce in odio del patetico: Di chi galoppa per feguir la Moda: e
di tutti i più cattivi Vocalifti, perchè fon
quegli appunto, che la corteggiano (non
conofcendo il forte) per impararne il debole.

Non troverà in fomma degno di merito,
che quel Cantore corretto, che efeguifce
con abbondanza di ripieghi particolari ciò,
che gli detta l'intelligenza all'improvvifo,
fapendo, che un Profeffore di primo grido
non può (benchè voleffe) replicar un'Aria
cogli fteffi Paffi. Chi canta premeditato già
ftudiò la fua lezione a Cafa.

Dopo d'aver emendati diverfi altri abufi,
e difetti in vantaggio di chi canta, egli ri-
tornerà con più forti ragioni a perfuaderlo
di ricorrere alle regole fondamentali, acciò
gl'infegnino d'operare ful Baffo andando
con ficuri, e mifurati paffi da un intervallo
all'altro fenza timor di cadere. Se poi il
Cantante gli diceffe, Signore voi vi affatica-
te indarno; La cognizione degli errori non
bafta, ho bifogno d'altri documenti, che
di parole, e non fo dove impararli orchè
l'Italia mi fembra fcarfa di buoni Iftruttori;
Allora ftrignendofi nelle fpalle, più co' fo-
fpiri, che colla voce gli rifponderà; Che
                                        fe

fe per l'avvenire i Vocalifti non beveffero
la Mufica col latte, o non foffero inneftati
come i virgulti ei proccuri d' apprenderli
da i migliori, che cantano (tra' quali vi è
fempre il più cofpicuo) offervando fpecial-
mente due Donne di merito fuperiore ad
ogni lode, che ajutano anch' effe a foftener
in oggi con forza eguale, e con differente
ftile la vacillante Profeffione, affinchè dalla
decadenza non vada fi tofto in rovina. Una
è inimitabile per privilegiato dono di cantare, e d'incantar il Mondo con una pro-
digiofa felicità di efeguire, e con un certo
brillante fingolare, e guftofo che inventato (non sò fe dalla natura, o dall'arte)
piace in ecceffo. La nobiltà del cantabile
amorofo dell'altra unita alla dolcezza d'una
belliffima voce, ad una perfetta intonazione, al rigor di Tempo, & alle produzioni
pellegrine dell'ingegno fono doti così particolari quanto difficili ad imitarfi. Il patetico di quefta, e l'allegro di quella fono le
qualità più mirabili sì nell'una che nell'altra. Che bel mifto fi farebbe, fe l'ottimo di
quefte due angeliche Creature poteffe unirvi in un'oggetto folo! Ma non perdiamo
di vifta il Maeftro.

Quefti intanto continuerà col fuo zelo, e
con evidenze infallibili a far conofcere, che
l'ar-

l' artificio d'un Profeffore non è mai più grato, che quando inganna gl' afcoltanti con dolciffime forprefe ; Onde lo configlierà di ricorrere ad una fimulata innocenza , che faccia credere , che tutto lo ftudio in quella fua candida purità confifta .

Allor poi che l'Udienza non fpera di fentir altro (e per così dire) s'addormenta , in quello ftefflo momento lo efforterà di fvegliarla con un Paffo .

Defta che fia , gli ordinerà di ritornare alla fua finta femplicità , ancorchè non fia più capace di deluder chi l'ode , poichè con impazienza curiofa gia afpetta il fecondo , e di mano in mano gli altri .

Lo iftruirà con un'ampia , e neceffaria defcrizione della quantità e qualità de' Paffi per provvederlo di lumi , di regole , e di profitto .

Qui dovrei inveire (non però quanto baftaffe) contra l' infedeltà della mia memoria , che non ha faputo confervar vive , come dovea , tutte quelle preziofe prerogative , che un Valentuomo fimile mi fcoprì ne' Paffi , e mi riduce l'ingrata con fommo mio rammarico , e forfe con pregiudizio altrui , alla mortificazione di non poter pubblicar che quefte poche che mi fono reftate impreffe (mifero avanzo)che anderò quì notando .

D E'

D E'

P A S S I.

ESfendo il Paſſo il più lodevol parto di chi ſa cantare, e la delizia più cara di chi lo conoſce, è d'uopo, che la mente d'un Cantore ſia tutta intenta ad imparar l'arte di produrlo.

Sappia, che cinque ſono le qualità principali, che unite inſieme lo formano mirabilmente perfetto, e ſono Intelligenza, Invenzione, Tempo, Artificio, e Guſto.

Cinque ſono parimente le grazie ſubalterne diſpoſte per adornarlo, cioè Appoggiatura, Trillo, Portamento di voce, Scivolo, e Straſcino.

Le qualità principali inſegnano.

Che il Paſſo non può concepirſi, che da una profonda INTELLIGENZA.

Che naſce dalla rara, e ſingolar INVENZIONE della bellezza del penſiero, allorchè ſi allontana da ciò, che è famigliare, e comune.

Che ammaeſtrato da rigoroſi, ma degni

pre-

precetti del TEMPO non può uscir mai dalle sue regolate misure senza perdere la propria estimazione.

Che guidato dal più finito ARTIFICIO sul Basso ivi (e non altrove) ei trova il suo centro ; Ivi scherza con diletto , e innaspettato innamora.

Che non è concesso , che alla esquisitezza del GUSTO più fino il piacere immenso d' accompagnarlo sempre con quel soave Portamento di voce , che incanta.

Dalle qualità accessorie s' impara.

Che il Passo sia facile in apparenza , acciò universalmente alletti.

Che sia difficile in sostanza , affinchè si ammiri l' intendimento dell' Inventore.

Che sia egualmente eseguito dall' espressiva delle parole , che dall' arte.

Che sia scivolato , o strascinato nel patetico , perchè faccia miglior effetto , che battuto.

Che non sia conosciuto per istudiato se pretende di non esser negletto.

Che sia raddolcito col piano nel patetico , e farà più gustoso.

Che nell' allegro sia accompagnato talvolta dal forte , e dal piano così , che venga
ga

ga a formare una fpecie di chiarofcuro.

Che fia riftretto in poche note aggruppa-
te, acciocchè piaccia più che vagante.

Che in fito fpaziofo di Tempo fia propa-
gato in molti (fe lo confente il Baffo) con
obbligo al Cantore di foftener l'impegno del
primo motivo, affinchè la fua capacità fia
palefe.

Che fia ben fituato, altramente fuor del
fuo nicchio difgufta.

Che fia piuttofto lontano dagli altri Paffi
che vicino, fe vuol effer diftinto.

Che fia prodotto più dal cuore, che dalla voce per infinuarfi più facilmente nell'
interno.

Che non fia efeguito fu la feconda, e
quarta vocale quando vanno pronunziate
ftrette, e molto meno fu la terza, e quinta.

Che non fia copiato fe non vuol effer dif-
forme.

Che fia rubato ful Tempo acciò diletti
l'anima.

Che non fia replicato mai nel medefimo
luogo, particolarmente nell' Arie patetiche, poichè fono le più offervate dagl' in-
tendenti.

E foprattuto, che fia migliorato, e non
deteriorato nel cambio.

Molti Profeffori fono d' opinione, che
nel

nel numero de' Paffi non vi fia luogo per il Paffaggio battuto, fe non foffe in compagnia di qualcheduno de' fuddetti abbellimenti, o interrotto da Sincope, o da divers' altri guftofi accidenti.

Ma è ormai tempo, che fi parli della bellezza dello ftrafcino, che fe 'l patetico tornaffe al Mondo un Cantore fappia conofcerlo. La fpiegazione farebbe più facile a capirfi dalla Mufica, che dalle parole fe lo Stampatore non aveffe molta difficultà d' imprimer poche note; Nulladimeno cercherò alla meglio che poffo di farmi intendere.

Quando ful movimento eguale d'un Baffo, che lento cammini di croma in croma un Vocalifta mette la prima voce fugli acuti ftrafcinandola dolcemente al grave col forte, e col piano quafi fempre di grado con difuguaglianza di moto, cioè fermandofi più fu qualche corda di mezzo, che fu quelle che principiano, o finifcono lo ftrafcino, ogni buon Mufico crede per indubitato, che nell' arte migliore del Canto non vi fia invenzione, nè ftudio più atto a toccar il cuore di quefto, purchè fia però formato dalla intelligenza, e dal Portamento di voce ful Tempo, e ful Baffo. Chi ha maggior dilatazione di corde ha più vantaggio,

gio, poichè quefto vago ornamento tanto più è mirabile quanto più grande è la fua caduta. In bocca d'un famofo Soprano, che fe ne ferva di rado diventa un prodigio; Ma fe tanto piace allorchè difcende, altrettanto difpiacerebbe afcendendo.

Intendefte, o dilettiffimi Cantanti, che ftudiate? Quefta a un dì preffo era la Scuola di que' Profeffori, che per ifcherno gl' inetti chiamano Antichi. Offervatene efattamente le leggi, difaminatene con rigore i precetti, e fe la prevenzione non v' ingombra l'intelletto vedrete, ch' ella infegnava d'intonare, di metter la voce, di far fentir le parole, d'efprimere, di recitare, di efeguir ful Tempo, di variar ful moto, di comporre, e di ftudiar il patetico ove folo trionfa il gufto, e l'intelligenza; Mettetela in confronto colla voftra, e quando i dogmi della fuddetta non baftaffero ad iftruirvi, imparate dalla Moderna il refto.

Se poi le mie efortazioni, legitime figlie del zelo, non aveffero appreffo di voi credito alcuno ful rifleffo, che i configli degl' inferiori non fi afcoltano, fappiate, che chi ha facoltà di penfare può una volta in feffant' anni penfar bene. E quando mai v' immaginafte, che foffero troppo parziali de' tempi andati, allora (purchè non vi tremaf-

fe

fe la mano) vi perfuaderei di pefare con giufta lance i voftri più rinomati Vocalifti (che
ftimate moderni , e non lo fono , che nelle
Cadenze) e difingannati fcorgerefte in effi,
in vece d'affettazioni , d'abufi , e d'errori ,
che cantano fecondo que' forti infegnamenti , che guidano il diletto nel più interno
dell'animo , e che il mio cuor penfava d'aver
già meffo nel numero delle fue felici memo-
rie. Confultateli come ho fatt' io , e colla
verita ful labbro apertamente vi diranno ,
Che vendono le loro gioje dove fon cono-
fciute : Che la Moda non è fra gli Uomini
diftinti ; E che in oggi fi canta male .
    Pochi sì , ma degniffimi Cantori abbiamo
anche adeffo i quali paffato , che fia il bol-
lore della loro gioventù infegneranno per
obbligo di confervare alla bella Profeffione
il fuo fplendore , e per lafciare a' pofteri un'
eterna , e gloriofa fama delle loro fatiche .
Io ve li moftro a dito , affinchè errando non
vi manchi , nè modo di correggervi , nè fortuna di fentire in ogni lezione un' Oracolo .
Dal che ho giufto motivo di fperare , che il
vero buon gufto nel Canto non debba finir ,
che col Mondo .
    Chiunque arriva a comprendere ciò , che
gli è ftato da quefte , e da molt' altre Offervazioni dimoftrato non ha più bifogno di fti-
                                        molo

molo per iftudiare. Sollecitato dal defiderio corre all'amato Strumento, indi a forza
d'applicazione capifce, che di tutto quello, che imparò non ha ragione di foddisfar-
fi. Fa nuove fcoperte inventando Paili, fra'
quali dopo fevere, e ben ponderate compa-
razioni fceglie il migliore, di cui fe ne com-
piace fincne per tale lo confidera; Ma va
tanto raffinando l ingegno, che ne trova diverfi fempre più meritevoli del fuo affetto,
e della fua ftima; Paffa da quefti, in conclu-
fione, ad un numero poco men, che infini-
to di Paffi mediante i quali egli apre la mente
in modo, che i tefori più reconditi dell'artificio, e più lontani dalla fua immaginazio-
ne fe gli prefentano così volontarj, che fe
la fuperbia non lo accieca, fe lo ftudio non
lo annoja, e fe la memoria non lo tradifce
accrefcerà ornamenti al Canto con un metto-
do che farà fuo, che è l unico oggetto di
chi cerca i maggiori applaufi.

Uditemi finalmente per voftro profitto, o
giovani Cantanti. Gli abufi, i difetti, e gli
errori da me divolgati in quefte Offervazioni, e ingiuftamente addofsati al moderno
Stile erano quafi tutti miei, e perchè erano
miei non era facile, che li poteft conofcere
ful fior di quegli anni, in cui la mia cieca
opinione con tiranna potenza mi faceva credere

dere d' effere un' Uomo infigne . In età poi matura il pigro difinganno arriva troppo tardi . Sò d' aver cantato male , e piaccia a Dio ch' io non abbia fcritto peggio ; Ma giacchè l' ignoranza mi ferve di danno , e di pena , fia almeno d' efempio , e d'emenda a chi penfa di cantar bene . Chi ftudia imiti l' Ape ingegnofa , che da i fiori più grati ne fugge il miele . Da i nominati Antichi , e da i creduti Moderni (gia 'l diffi) v' è di che imparare ; Bafta trovar il fiore , e faperlo ben diftillare per ricavarne l' effenza .

I configli più cordiali , e non meno pro-fittevoli ch' io poffa darvi fono quefti :

Sovvengavi di chi faggiamente diffe , che il merito mediocre , che nafce è una ecclif-fe , che non ofcura che per pochi momenti il fublime , che s' invecchia , e invecchiato non muore .

Abborrite gli efempli di chi odia la cor-rezione , perchè coltei fà come il lampo a chi cammina al bujo , fpaventa , ma fà lu-me .

E ftudiate negli errori altrui : Oh gran le-zione ! Cofta poco , infegna molto , da tutti s' impara , e il più ignorante è il più gran Mae-ftro .

Le Verità , e le Rofe hanno le fpine ,
Ma non fi punge chi pel fior le coglie .
IL FINE.

Music and Books published by Travis & Emery Music Bookshop:

Mellers, Wilfrid: Harmonious Meeting
Mellers, Wilfrid: Le Jardin Retrouvé, The Music of Frederic Mompou
Mellers, Wilfrid: Music and Society, England and the European Tradition
Mellers, Wilfrid: Music in a New Found Land: ... ... American Music
Mellers, Wilfrid: Romanticism and the Twentieth Century (from 1800)
Mellers, Wilfrid: The Masks of Orpheus: ...... the Story of European Music.
Mellers, Wilfrid: The Sonata Principle (from c. 1750)
Mellers, Wilfrid: Vaughan Williams and the Vision of Albion
Panchianio, Cattuffio: Rutzvanscad Il Giovine
Pearce, Charles: Sims Reeves, Fifty Years of Music in England.
Pettitt, Stephen: Philharmonia Orchestra: complete discography
Playford, John: An Introduction to the Skill of Musick.
Purcell, Henry et al: Harmonia Sacra ... The First Book, (1726)
Purcell, Henry et al: Harmonia Sacra ... Book II (1726)
Quantz, Johann: Versuch einer Anweisung die Flöte traversiere zu spielen.
Rameau, Jean-Philippe: Code de Musique Pratique, ou Methodes.
Rastall, Richard: The Notation of Western Music.
Rimbault, Edward: The Pianoforte, Its Origins, Progress, and Construction.
Rousseau, Jean Jacques: Dictionnaire de Musique
Rubinstein, Anton : Guide to the proper use of the Pianoforte Pedals.
Sainsbury, John S.: Dictionary of Musicians. Vol. 1. (1825). 2 vols.
Simpson, Christopher: A Compendium of Practical Musick in Five Parts
Spohr, Louis: Autobiography
Spohr, Louis: Grand Violin School
Tans'ur, William: A New Musical Grammar; or The Harmonical Spectator
Terry, Charles Sanford: Four-Part Chorals of J.S. Bach. (German & English)
Terry, Charles Sanford: Joh. Seb. Bach, Cantata Texts, Sacred and Secular.
Terry, Charles Sanford: The Origins of the Family of Bach Musicians.
Tosi, Pierfrancesco: Opinioni de' Cantori Antichi, e Moderni
Van der Straeten, Edmund: History of the Violoncello, The Viol da Gamba ...
Van der Straeten, Edmund: History of the Violin, Its Ancestors... (2 vols.)
Walther, J. G.: Musicalisches Lexikon ober Musicalische Bibliothec (1732)

Travis & Emery Music Bookshop
17 Cecil Court, London, WC2N 4EZ, United Kingdom.
Tel. (+44) 20 7240 2129

www.ingramcontent.com/pod-product-compliance
Lightning Source LLC
Chambersburg PA
CBHW060941040426
42445CB00011B/962